Copyright © 2022 LINGUAS CLASSICS

# BESTACTIVITYBOOKS.COM

Alle rechten voorbehouden. Niets uit dit boek mag worden gereproduceerd of gebruikt, op welke wijze dan ook, zonder schriftelijke toestemming van de eigenaar van het auteursrecht, behalve voor het gebruik van citaten in een boekbespreking.

EERSTE EDITIE - Gepubliceerd in 2022

Extra grafisch materiaal van: www.freepik.com
Dank aan: Alekksall, Starline, Pch.vector, Rawpixel.com, Vectorpocket, Dgim-studio, Upklyak, Macrovector, Stockgiu, Pikisuperstar & Freepik.com Designers

Ontdek gratis online spelletjes
Hier verkrijgbaar:

**BestActivityBooks.com/FREEGAMES**

# 5 TIPS OM TE BEGINNEN!

## 1) HOE OP TE LOSSEN

De Puzzels zijn in een Klassiek Formaat:

- Woorden worden verborgen zonder pauzes (geen spaties, streepjes, ...)
- Oriëntatie: Voorwaarts & Achterwaarts, Boven & Beneden of in Diagonaal (kan in beide richtingen)
- Woorden kunnen elkaar overlappen of kruisen

## 2) ACTIEF LEREN

Naast elk woord is een spatie voorzien om de vertaling te noteren. Om actief te leren vindt u een **WOORDENBOEK** aan het einde van deze editie om uw kennis te controleren en uit te breiden. U kunt elke vertaling opzoeken en opschrijven, de woorden in de puzzel vinden en ze vervolgens aan uw woordenschat toevoegen!

## 3) TAG JE WOORDEN

Hebt u al geprobeerd een labelsysteem te gebruiken? U zou bijvoorbeeld de woorden die moeilijk te vinden waren kunnen markeren met een kruis, de woorden die u leuk vond met een ster, nieuwe woorden met een driehoek, zeldzame woorden met een ruit enzovoort...

## 4) ORGANISEER UW LEREN

Wij bieden ook een handig **NOTITIEBOEKJE** aan het eind van deze uitgave. Of u nu op vakantie, op reis of thuis bent, u kunt uw nieuwe kennis gemakkelijk ordenen zonder dat u een tweede notitieboek nodig hebt!

## 5) AFGESLOTEN?

Ga naar de bonussectie: **FINAAL UITDAGING** om een gratis spel te vinden dat aan het einde van deze editie wordt aangeboden!

Wil je meer leuke en leerzame activiteiten? Het is Snel en Eenvoudig!
Een hele collectie spelboeken slechts **één klik verwijderd**!

Vind uw volgende uitdaging bij:

BestActivityBooks.com/MijnVolgendeBoek

# Klaar... Start!

Wist u dat er zo'n 7000 verschillende talen in de wereld zijn? Woorden zijn kostbaar.

We houden van talen en hebben hard gewerkt om de boeken van de hoogste kwaliteit voor u te maken. Onze ingrediënten?

Een selectie van onmisbare leerthema's, drie grote plakken plezier, dan voegen we er een lepel moeilijke woorden en een snuifje zeldzame woorden aan toe. We serveren ze met zorg en een maximum aan verrukking, zodat je de beste woordspelletjes kunt oplossen en veel plezier beleeft aan het leren!

--------

Uw feedback is essentieel. U kunt een actieve bijdrage leveren aan het succes van dit boek door een recensie achter te laten. Vertel ons wat u het meest beviel in deze editie!

Hier is een korte link die u naar uw bestelpagina brengt:

### BestBooksActivity.com/Recensies50

Bedankt voor uw hulp en veel plezier met het spel!

## Linguas Classics

# 1 - Metingen

```
M W N L Z T L G X I N E Q K
J È V G B O I K R M I R Y I
P D T R P N T I U A G T G L
I É E R V N R L E H M È R O
N C T U E E E O G F H M U G
T I C E S T M M R B V I E R
E M O T S U U È A L D T D A
Z A C U A N L T L G V N N M
Q L O A M I O R U N G E O M
R S G H J M V E P O S C F E
L O N G U E U R R N P C O K
S D I O P O U C E C A P R M
M P K X B C C U C E M O P V
J J R A H R D N C A T W Z Q
```

LARGEUR
OCTET
CENTIMÈTRE
DÉCIMAL
PROFONDEUR
POIDS
GRAMME
HAUTEUR
POUCE
KILOGRAMME
KILOMÈTRE
LONGUEUR
LITRE
MASSE
MÈTRE
MINUTE
ONCE
PINTE
TONNE
VOLUME

# 2 - Keuken

| | | | | | | | | | | | | |
|---|---|---|---|---|---|---|---|---|---|---|---|---|
| L | I | B | O | L | B | V | É | A | F | C | O | V | R |
| T | O | R | S | I | T | O | P | O | H | R | F | N | É |
| A | L | U | E | R | U | T | I | R | R | U | O | N | F |
| S | R | O | C | G | I | X | C | H | M | W | Z | G | R |
| S | K | F | E | H | N | U | E | G | N | O | P | É | I |
| E | X | H | D | W | E | A | S | L | R | N | C | R | G |
| S | N | B | A | G | U | E | T | T | E | S | U | E | É |
| S | E | R | V | I | E | T | T | E | I | R | I | C | R |
| B | T | G | A | Y | W | U | Z | Z | L | V | L | E | A |
| C | R | U | C | H | E | O | S | Z | B | E | L | T | T |
| U | A | I | Y | L | I | C | P | S | A | W | È | T | E |
| E | M | H | B | K | E | V | L | X | T | Z | R | E | U |
| F | O | U | R | C | H | E | T | T | E | S | E | X | R |
| B | O | U | I | L | L | O | I | R | E | B | S | W | G |

TASSES
BAGUETTES
GRIL
BOUILLOIRE
RÉFRIGÉRATEUR
BOL
CRUCHE
CUILLÈRES
COUTEAUX
FOUR

LOUCHE
POT
RECETTE
TABLIER
SERVIETTE
ÉPICES
ÉPONGE
NOURRITURE
FOURCHETTES

# 3 - Boten

```
N F E O E G D U X I Y P F V
T A C O R D E Ë O N A C E M
A B U Y E É N J F V C Q R A
N V L T R B Q J B M H X R R
C B A J I D I U P E T T Y I
R M H G M Q M L I R A L X T
E X M V U I U E N P N A P I
D A A I A E A E J X A C T M
H I K C E I S P B H W G W E
I H L E D O C É A N F T E G
E Z K Z A F L E U V E M É Y
U R M Z R M O T E U R Â U V
J K A Y A K C O D D A T O M
N V O I L I E R A M F E B Z
```

ANCRE
ÉQUIPAGE
BOUÉE
DOCK
VAGUES
YACHT
KAYAK
CANOË
MARITIME
MÂT

LAC
MOTEUR
NAUTIQUE
OCÉAN
FLEUVE
CORDE
FERRY
RADEAU
MER
VOILIER

# 4 - Chocolade

```
C E C A N O I X D E C O C O
A N A P R E M A T K S Q K I
C V L Q O Ô J Z F O T Û O G
A I O Q W U M T W I N B S Q
O E R M U Y D E T T E C E R
É T I L A U Q R O F I D T P
S H E E D O H Q E A D É È E
F R S M X Y I F O V É L U D
H I I A O O Q A Y O R I H O
R M O R J I T J Y R G C A U
D I I A D V B I U I N I C X
W I D C R I H N Q A I E A A
B O N B O N A U V U Q U C V
S U C R E W D K Q Y E X T M
```

AROME  
AMER  
CACAO  
CALORIES  
EXOTIQUE  
FAVORI  
DÉLICIEUX  
INGRÉDIENT  
CARAMEL  
NOIX DE COCO  

QUALITÉ  
CACAHUÈTES  
POUDRE  
RECETTE  
GOÛT  
BONBON  
SUCRE  
ENVIE  
DOUX

# 5 - Gezondheid en Welzijn #2

```
R É C U P É R A T I O N I N
D I G E S T I O N M G D W U
É N E R G I E C V U Q N K T
A M O K D N I A S P R O C R
W U A R W Y A K D U S I N I
T Q D S V J E S S E R T S T
K A L S S P C U G F M C N I
J O H F T A O E N X G E W O
L U E V H E G I T A X F O N
C A L O R I E E D X W N D B
G É N É T I Q U E S P I I A
A D O H Ô P I T A L M B È I
T V S D A N A T O M I E T N
V I T A M I N E R X L Q E S
```

ANATOMIE
SANG
CALORIE
DIÈTE
ÉNERGIE
GÉNÉTIQUE
POIDS
SAIN
RÉCUPÉRATION

INFECTION
CORPS
MASSAGE
DIGESTION
STRESS
VITAMINE
NUTRITION
HÔPITAL

# 6 - Tijd

```
F H H I E R N D J M A Q M H
U T E G K X L É O O W Z A O
T A L U J Q Y C U I V S I R
U K S È R P A E R S Y C N L
R G E E U E A N I T A M T O
E R R E I R D N E L A C E G
A N N U E L P I O I H J N E
S I M P R I T E J R L G A Z
I A I S Q J P O É M A X N T
È M D H N N Q F W N T J T R
C E I C U S L Z M I N U T E
L D E N I A M E S T F A C L
E U N D T N H C A T T L K J
A U J O U R D H U I S Z U A
```

JOUR  
DÉCENNIE  
SIÈCLE  
HIER  
ANNÉE  
ANNUEL  
CALENDRIER  
HORLOGE  
MOIS  
MIDI  
MINUTE  
DEMAIN  
APRÈS  
NUIT  
MAINTENANT  
MATIN  
FUTUR  
HEURE  
AUJOURD'HUI  
SEMAINE

# 7 - Meditatie

```
M M M A P K U V J O O Q X M
X U I J Z L G N V B H C E K
B E S E C N E L I S X H N U
G O V I P T N E M E V U O M
R T N F Q A U L É R M P I É
A F O H S U I X M V E O S V
T J I A E U E X O A N S S E
I C T N É U L H T T T T A I
T L N A S Z R O I I A U P L
U A E T N H H Z O O L R M L
D R T U E E N U N N L E O É
E T T R P I N Q S T Z A C E
C É A E V I T C E P S R E P
N C Z A C C E P T A T I O N
```

ATTENTION
ACCEPTATION
MOUVEMENT
GRATITUDE
ÉMOTIONS
PENSÉES
BONHEUR
CLARTÉ
POSTURE

COMPASSION
MENTAL
MUSIQUE
NATURE
OBSERVATION
PERSPECTIVE
SILENCE
PAIX
ÉVEILLÉ

# 8 - Muziek

```
W T T X M O P É R A K S U W
B G N G U B A L L A D E C C
V B E Q S C H A N T E R H L
W F M N I Y X J Z S S H A A
R Z U G C H F E Q L Q N S
A Y R V I L A C I S U M T S
T H T A E D I A N R M A E I
E P S H N E I D O L É M U Q
M Q N Q M V O E M H T Y R U
P F I Z X I S W R I Z K U E
O A L B U M Q P A D M M Œ F
L Y R I Q U E U H J R C H T
P O É T I Q U E E S D V C J
É C L E C T I Q U E I W O K
```

ALBUM
BALLADE
ÉCLECTIQUE
HARMONIE
INSTRUMENT
CLASSIQUE
CHŒUR
LYRIQUE
MÉLODIE

MUSICAL
MUSICIEN
OPÉRA
POÉTIQUE
RYTHME
RYTHMIQUE
TEMPO
CHANTEUR
CHANTER

# 9 - Vogels

```
O T L O T P B H I B O U H M
M C Y R V O A B D X T D S O
A I S B M N B O Y X P V T I
N G N A C U O T N J A Q E N
C O X E O H C O R B E A U E
H G V H L O É F Q L N I Q A
O N R C O B D R A N A C O U
T E U U M B Y E O T C I R O
F N U R B Q T J P N I Q R C
M G W T E L U O P A L R E U
M Y T U I Z K Y M M É F P O
V C H A W N W A L A P F O C
M O U E T T E I N L X B S C
K L A N O E U F S F H O B K
```

COLOMBE
CANARD
OEUF
FLAMANT
OIE
POULET
COUCOU
CORBEAU
MOUETTE
MOINEAU

CIGOGNE
PERROQUET
PAON
PÉLICAN
MANCHOT
HÉRON
AUTRUCHE
TOUCAN
HIBOU
CYGNE

# 10 - Universum

```
H H B K X C D H L O É A V H
C É K E F I L O A B Q T I Z
L Y M T M E J R T S U M S W
O Z X I F L R I I C A O I S
N B V B S D G Z T U T S B J
G T Z R L P M O U R E P L Z
I Y O O K T H N D I U H E O
T L U N E P F È E T R È I D
U U Y Y K P I W R É S R X I
D C O S M I Q U E E E E A A
E I M O N O R T S A H P L Q
A S T É R O Ï D E J I Z A U
S R D T É L E S C O P E G E
A S T R O N O M E Q E U E V
```

ASTÉROÏDE
ASTRONOMIE
ASTRONOME
ATMOSPHÈRE
ORBITE
LATITUDE
ZODIAQUE
OBSCURITÉ
ÉQUATEUR

HÉMISPHÈRE
CIEL
HORIZON
COSMIQUE
LONGITUDE
LUNE
GALAXIE
TÉLESCOPE
VISIBLE

# 11 - Wiskunde

```
S L J Z B J C C J L É R E A
F O C F S K S A D D Q E I R
S E M X S Q Q R I É U C R I
M W H M E S E R A C A T T T
J I H T E T Y É M I T A É H
D I V I S I O N È M I N M M
F A N G L E S V T A O G Y É
N R D P W L Z T R L N L S T
H O A D L S V Q E F E E P I
D H U C P O L Y G O N E H Q
Z Q D K T N A S O P X E È U
E L G N A I R T Q N Y E R E
E I R T É M O É G M X N E P
W V O L U M E N O Y A R Z Y
```

SPHÈRE
DÉCIMAL
DIAMÈTRE
DIVISION
TRIANGLE
EXPOSANT
FRACTION
GÉOMÉTRIE
ANGLES

RECTANGLE
ARITHMÉTIQUE
SOMME
RAYON
SYMÉTRIE
POLYGONE
ÉQUATION
CARRÉ
VOLUME

# 12 - Gezondheid en Welzijn #1

```
I  T  H  D  G  M  P  Y  S  D  B  D  Z  C
L  Y  H  D  N  O  I  T  A  X  A  L  E  R
R  R  M  É  N  Y  E  R  U  T  C  A  R  F
U  É  S  U  R  I  V  P  S  U  T  T  M  C
E  T  F  N  S  A  F  O  G  H  É  R  É  L
T  E  A  L  N  C  P  T  X  O  R  A  D  I
U  M  Y  F  E  X  L  I  L  R  I  I  I  N
A  F  A  I  M  X  F  E  E  M  E  T  C  I
H  J  L  O  V  Y  E  K  S  O  S  E  A  Q
P  H  A  R  M  A  C  I  E  N  F  M  M  U
A  C  T  I  F  V  L  R  F  E  R  E  E  E
H  A  B  I  T  U  D  E  S  E  E  N  N  J
H  P  B  L  E  S  S  U  R  E  N  T  T  N
E  F  P  E  A  U  M  É  D  E  C  I  N  Z
```

| | |
|---|---|
| ACTIF | PEAU |
| PHARMACIE | CLINIQUE |
| BACTÉRIES | BLESSURE |
| TRAITEMENT | MÉDICAMENT |
| FRACTURE | RELAXATION |
| MÉDECIN | RÉFLEXE |
| HABITUDE | MUSCLES |
| FAIM | THÉRAPIE |
| HAUTEUR | VIRUS |
| HORMONE | NERFS |

# 13 - Camping

```
N C B V Y X H L W I P A O I
E A A C M A F A D M B V F N
T K T B I T E N U L J E L S
L S U U I J U T C O A N A E
A L Z C R N Q E H I N T R C
C A X H C E E R T Q I U B T
Z J Q A F L D N Z R M R R E
H D F P I O R E K L A E E N
F A O E W S O S J J U C S G
Z H R A B S C V O P X J R A
H A Ê U R U C H A S S E C T
B M T V X O L T E N T E A N
T A E T Y B C A N O Ë N X O
K C S Q J O V E K O K J C M
```

AVENTURE
MONTAGNE
ARBRES
FORÊT
FEU
CABINE
ANIMAUX
HAMAC
CHAPEAU
INSECTE

CHASSE
CARTE
CANOË
BOUSSOLE
LANTERNE
LUNE
LAC
NATURE
TENTE
CORDE

# 14 - Algebra

```
S V A R I A B L E J D A I D
N O I T C A R F E Z L E N I
Z S U Q U A N T I T É A F A
T I P S Z N F S O M M E I G
C M A P T É C A J F B T N R
E P R F Q R R I C F A Y I A
X L E V B P A O Y T C X E M
P I N F A U X C H Z E V B M
O F T J E C I R T A M U Q E
S I H H L W B H A I X X R Z
A E È X Y E M È L B O R P J
N R S L I N É A I R E N W U
T C E S O L U T I O N E E L
Y D I Y F O R M U L E F U X
```

SOUSTRACTION
DIAGRAMME
EXPOSANT
FACTEUR
FORMULE
FRACTION
PARENTHÈSE
QUANTITÉ
LINÉAIRE

MATRICE
ZÉRO
INFINI
SOLUTION
PROBLÈME
SOMME
FAUX
VARIABLE
SIMPLIFIER

# 15 - Activiteiten

```
L P L A I S I R J V W E V P
J E B V B E S S A H C R B L
Y E C M Y Y T E R U T U O C
R I Q T F O A U D I R T B A
V H H P U M U Q I V S N I J
O P V S Y R B I N N J I L Y
G A B E X I E M A L J E O U
A R G L H T V A G X F P I L
R G N Z E V Q R E I G A M E
T O I Z W A U É B D A N S E
N T P U G J Z C J H R A D H
C O M P É T E N C E J L M C
Q H A R E L A X A T I O N Ê
X P C Y N A C T I V I T É P
```

ACTIVITÉ
DANSE
PHOTOGRAPHIE
PÊCHE
CHASSE
CAMPING
CÉRAMIQUE
ART
LECTURE

MAGIE
COUTURE
RELAXATION
PLAISIR
PUZZLES
PEINTURE
JARDINAGE
COMPÉTENCE
LOISIR

# 16 - Vormen

```
E V P Z H C O I N C C M P D
E F O O V A L E B Ô Ô F Y Q
W O L B D W A I W N T F R U
W J Y C S O J O S E É M A X
B B G G P T P R I S M E M Y
O D O L H Y R C U B E B I Y
R T N B È R S I P D H R D L
D Y E S R B C I A H N U E I
S T S B E K E N N N N O E G
A R C F H G R U G A G C R N
C A R R É T C G G S O L K E
F U B F R E L G N A T C E R
Q E L O B R E P Y H X S C U
C Y L I N D R E Z W X E R T
```

SPHÈRE  
ARC  
CYLINDRE  
CERCLE  
COURBE  
TRIANGLE  
COIN  
HYPERBOLE  
CÔTÉ  
CÔNE  

CUBE  
LIGNE  
OVALE  
PYRAMIDE  
PRISME  
BORDS  
RECTANGLE  
ROND  
POLYGONE  
CARRÉ

# 17 - Diplomatie

```
N F M D J H J X Y Z H M C I
Z F É T I R U C É S U R I A
F R U E D A S S A B M A T Y
C Y L H W J T H Q L A I O É
C E U Q I T I L O P N N Y T
N O I S S U C S I D I T E H
T R A I T É E A J F T É N I
C O N S E I L L E R A G S Q
R É S O L U T I O N I R N U
L A N G U E S B G Q R I R E
C O M M U N A U T É E T F Z
C O O P É R A T I O N É N P
X O S O L U T I O N U I X Z
C O N F L I T X I W L O X D
```

CONSEILLER
AMBASSADEUR
CITOYENS
CONFLIT
DISCUSSION
ÉTHIQUE
COMMUNAUTÉ
JUSTICE
HUMANITAIRE

INTÉGRITÉ
SOLUTION
POLITIQUE
RÉSOLUTION
COOPÉRATION
LANGUES
SÉCURITÉ
TRAITÉ

# 18 - Astronomie

```
N O I T A L L E T S N O C O
A É B E T È N A L P N P E B
S A B T F U S É E D E A J S
T S S U R A D I A T I O N E
R T A A L G F U K E G Q F R
O É T N U E R R E T M B M V
N R E O R N U A R È S F O A
O O L R M U I S O M S O C T
M Ï L T G L É V E O U J T O
E D I S D J Q T E C R Y N I
H E T A E U X N O R F F M R
F Z E R O É T É M I S R R E
É Q U I N O X E O D L P T Q
T É L E S C O P E O F E B U
```

TERRE
ASTÉROÏDE
ASTRONAUTE
ASTRONOME
ÉQUINOXE
COMÈTE
COSMOS
LUNE
MÉTÉORE
NÉBULEUSE
OBSERVATOIRE
PLANÈTE
FUSÉE
SATELLITE
ÉTOILE
CONSTELLATION
RADIATION
TÉLESCOPE
UNIVERS

# 19 - Emoties

```
E F W T E N D R E S S E E S
R E L I E F U Z M H W B N A
T R A N Q U I L L I T É N T
V U D Q C N E S A R E Z U I
K O É Z G E S X C E Q U I S
T M T E X T J U C H K L G F
R A E B G N J A R I L W M A
I Y N D E O Q D G P T S V I
S U D Z E C P A P V R É N T
T I U X P P A I X Z H I A S
E E S S E L L I T N E G S E
S I O M U C O L È R E L L E
S O A U R S Y M P A T H I E
E J E M B A R R A S S É T C
```

PEUR
EMBARRASSÉ
TRISTESSE
CONTENU
CALME
AMOUR
DÉTENDU
EXCITÉ
RELIEF
TRANQUILLITÉ
SYMPATHIE
TENDRESSE
SATISFAIT
SURPRISE
ENNUI
PAIX
JOIE
GENTILLESSE
COLÈRE

# 20 - Vakantie #2

```
P L A G E T N E T R T K Q X
A É R O P O R T Î L E A D P
Q V I U R V I S A B B U X K
W O S O N E C A M P I N G I
Z Y I W O Z S E C N A C A V
T A O G I M Y T H I O O T R
K G L L T M H Y A R P M R G
W E Q E A K M E Y U Q E A N
É T R A N G E R K P R R I O
C B J L I E J T T T N A N E
T U L J T B M S R L S H N U
L B R J S P H S J A Z B F T
P W U S E H Ô T E L C D I K
I U S R D T R A N S P O R T
```

DESTINATION
ÉTRANGER
ÎLE
HÔTEL
CARTE
CAMPING
AÉROPORT
VOYAGE
RESTAURANT

PLAGE
TAXI
TENTE
TRAIN
VACANCES
TRANSPORT
VISA
LOISIR
MER

# 21 - Eten #2

```
P A I N I S I A R B N T A Q
F R O M A G E D G A T U J S
O A Y A O U R T V N C I Q V
O F N O B M A J X A Y I U X
A R P A B L É G C N N G M I
P U L O N K I W I E G W A X
O K B B U A P Ê C H E K F S
I Z V E V L S E G R E P S A
S K E T R K E B R O C O L I
S X C A Z G A T L Q P A S K
O F H M Z S I R I Z O X A G
N S X O Z V V N I D M X S D
W C Q T O E U F E H M K R H
A M A N D E C H L J E M U X
```

AMANDE
ANANAS
POMME
ASPERGES
AUBERGINE
BANANE
BROCOLI
PAIN
RAISIN
OEUF

JAMBON
FROMAGE
POULET
KIWI
PÊCHE
RIZ
BLÉ
TOMATE
POISSON
YAOURT

# 22 - Geologie

```
P Q G I K G U A H P J E X I
Q L O U U J P F C K Y Q S A
G E A Z M W W O H I A H O K
O S B T O I E N O Z D M P O
D V H U E X O D V E R E G M
C O É F Y A X U A T S I R C
O L R U I Z U C A V E R N E
R C O C O N T I N E N T F C
A A S P I E R R E N Q G O O
I N I N M V X O Y H U E S U
L U O J N A L F U Z A Y S C
D J N C A L C I U M R S I H
S T A L A C T I T E T E L E
M I N É R A U X I A Z R E E
```

| | |
|---|---|
| CALCIUM | COUCHE |
| CONTINENT | LAVE |
| ÉROSION | MINÉRAUX |
| FOSSILE | PLATEAU |
| GEYSER | STALACTITE |
| FONDU | PIERRE |
| CAVERNE | VOLCAN |
| CORAIL | ZONE |
| CRISTAUX | SEL |
| QUARTZ | ACIDE |

# 23 - Specerijen

```
S J S C M U S C A D E G D R
G I C O F E N O U I L I O K
I U J R E M A A U S E R U E
N A K I R P A P J A L O X L
G M U A C J O A Y V L F L I
E O N N A R F A S E E L J T
M L I D F C E R G U N E F A
B B S R J N Z R A R N K R N
R B A E M O M A D R A C O I
E C C U R R Y S H O C D I S
E P U X F B B C E S Z R G A
Q M C M X M W A G L Y Q N M
G O V X I V A N I L L E O F
U G Z A O N T V H A I L N A
```

ANIS
AMER
FENUGREC
GINGEMBRE
CANNELLE
CARDAMOME
CURRY
AIL
CUMIN
CORIANDRE

GIROFLE
MUSCADE
PAPRIKA
SAFRAN
SAVEUR
OIGNON
VANILLE
FENOUIL
DOUX
SEL

# 24 - Groenten

```
A U A F Y O B E S Z N C W A
H C I R E L É C V R M O B R
Y E L L I U O R T I C N C T
Z M I B R O C O L I L C C I
G I S H Z S A L A D E O H C
X M R K E V U O C R R M A H
É Z E T A M O T A A B B M A
A C P E J R N X R N M R P U
E R H V Z O O J O I E E I T
S I D A R C T Y T P G R G Q
L G M N L G B V T É N M N K
P O I S T O Y S E E I J O U
O I G N O N T Y B X G R N H
M A E N I G R E B U A Q G P
```

ARTICHAUT
AUBERGINE
BROCOLI
POIS
GINGEMBRE
AIL
CONCOMBRE
OLIVE
CHAMPIGNON
PERSIL
CITROUILLE
NAVET
RADIS
SALADE
CÉLERI
ÉCHALOTE
ÉPINARD
TOMATE
OIGNON
CAROTTE

# 25 - Archeologie

```
A R É S U L T A T S O D X U
C N O I T A U L A V É E L E
F H T O U B L I É J N S F P
R O E I U V Y U N N O C N I
E K S R Q U R A X F I E T U
L C T S C U È R E R T N S Q
I G E V I H I O I A A D E É
Q M J A U L E T F G S A X P
U Y B N I Y E U É M I N P R
E S O A P P L C R E L T E D
B T U L Z B P W C N I A R W
M È Z Y J Q M P U T V J T L
O R O S X K E Q F S I I S P
T E V E Y D T D T C C U H T
```

ANALYSE
CIVILISATION
RÉSULTATS
OS
EXPERT
ÉVALUATION
FOSSILE
FRAGMENTS
TOMBE
MYSTÈRE

DESCENDANT
OBJETS
INCONNU
CHERCHEUR
ANTIQUITÉ
RELIQUE
ÉQUIPE
TEMPLE
ÈRE
OUBLIÉ

# 26 - Dans

```
C T M U S I Q U E E T T F E
Q H R Y M X J O Y E U X T X
A R O A É M O T I O N X U P
N C R R D P O S T U R E A R
O G A R É I G D C O R P S E
I R E D M G T R Y T H M E S
T Â P X É Q R I B S G M F S
I C O J S M A A O Y C J S I
T E F F S Y I W P N W P T F
É V I S U E L E S H N J S R
P A R T E N A I R E I E X K
É Q M O U V E M E N T E L N
R N P Y U C L A S S I Q U E
E R U T L U C U L T U R E L
```

ACADÉMIE
MOUVEMENT
JOYEUX
CHORÉGRAPHIE
CULTUREL
CULTURE
ÉMOTION
EXPRESSIF
GRÂCE
POSTURE

CLASSIQUE
ART
CORPS
MUSIQUE
PARTENAIRE
RÉPÉTITION
RYTHME
SAUT
TRADITIONNEL
VISUEL

# 27 - Mythologie

```
A R C H É T Y P E X I E L C
C I M M O R T A L I T É A O
U U C R É A T U R E X U B M
J Z L E I C V G X M P Q Y P
N O I T A É R C R J R Q R O
J J Q W U S B F D M I B I R
A E H P O R T S A T A C N T
L R O B L D E M O O L J T E
O R T N A Z R K S R C W H M
U E L V T B T Z R E É R E E
S N C U F P S E G F V H E N
I N L R G E N Ï O R É H S T
E O L D O P O L É G E N D E
P T H B K F M M O R T E L U
```

ARCHÉTYPE
ÉCLAIR
CRÉATION
CULTURE
TONNERRE
LABYRINTHE
COMPORTEMENT
HÉROS
HÉROÏNE

CIEL
JALOUSIE
FORCE
LÉGENDE
MONSTRE
IMMORTALITÉ
CATASTROPHE
MORTEL
CRÉATURE

# 28 - Eten #1

```
O G M X R X Y S X B B M I P
C I L I S A B O S E L L I A
B R G I S D P U O E L A Y S
A E L N W I Y P V P Q I S H
L R A L O N J E N O R T I C
C J A G Q N Z G X I F E U W
F A G C M S Y R Q R A F B H
C B R J H X J O N E R C U S
J C T O C I R B A T H O N T
V C O J T P D R A N I P É N
A Z C K Q T O E S I A R F W
S A L A D E E D N A I V J M
K C C A N N E L L E M E U I
R L H P Y N L M A B C E S F
```

FRAISE  
ABRICOT  
BASILIC  
CITRON  
ORGE  
CANNELLE  
AIL  
LAIT  
POIRE  
ARACHIDE  

SALADE  
JUS  
SOUPE  
ÉPINARD  
SUCRE  
THON  
OIGNON  
VIANDE  
CAROTTE  
SEL

# 29 - Avontuur

| S | I | N | S | U | T | U | B | C | V | G | J | C | L |
|---|---|---|---|---|---|---|---|---|---|---|---|---|---|
| U | D | N | Z | L | X | U | E | R | E | G | N | A | D |
| R | I | O | H | X | H | P | A | Y | E | W | B | N | N |
| P | F | I | A | A | E | R | U | O | V | A | R | B | O |
| R | F | T | C | S | B | U | T | G | J | D | C | R | U |
| E | I | A | T | E | É | I | É | Q | O | É | H | F | V |
| N | C | G | I | G | A | C | T | L | I | F | A | L | E |
| A | U | I | V | A | H | M | U | U | E | I | N | X | A |
| N | L | V | I | Y | U | V | I | R | E | S | C | B | U |
| T | T | A | T | O | I | J | F | S | I | L | E | V | U |
| K | É | N | É | V | N | G | E | R | U | T | A | N | F |
| E | X | C | U | R | S | I | O | N | Q | T | É | P | B |
| U | E | N | T | H | O | U | S | I | A | S | M | E | A |
| P | R | É | P | A | R | A | T | I | O | N | T | F | E |

ACTIVITÉ
ENTHOUSIASME
EXCURSION
DANGEREUX
CHANCE
BRAVOURE
DIFFICULTÉ
NATURE
NAVIGATION
NOUVEAU

INHABITUEL
VOYAGES
BEAUTÉ
DÉFIS
SÉCURITÉ
SURPRENANT
PRÉPARATION
JOIE
AMIS

# 30 - Circus

```
V E T A B O R C A C F B P J
H H C S C D Z L H U P D T O
N X R T L C O O L V J F E N
W O C U O O H J V U V I N G
U E K C W B C R E R G I T L
X L P E N S L U G Z A B E E
T M A G I C I E N O I L M U
B A L L O N S T I V A S U R
M U S I Q U E A S G M T T A
P A R A D E O T H O A L S P
A N I M A U X C G P O M O Z
T Z Q K L Y T E L L I B C S
R Q W T N A H P É L É N H F
B O N B O N I S E U W W Z J
```

SINGE
ACROBATE
BALLONS
CLOWN
ANIMAUX
MAGICIEN
JONGLEUR
BILLET
COSTUME
LION

MAGIE
MUSIQUE
ÉLÉPHANT
PARADE
BONBON
TENTE
TIGRE
SPECTATEUR
ASTUCE

# 31 - Restaurant #2

| | | | | | | | | | | | | |
|---|---|---|---|---|---|---|---|---|---|---|---|---|
| S | J | G | A | Y | G | M | R | D | E | C | A | L | G |
| F | O | U | R | C | H | E | T | T | E | H | G | U | F |
| Q | O | X | I | F | R | Y | N | E | S | A | I | V | Z |
| F | R | U | I | T | X | U | E | I | C | I | L | É | D |
| O | E | U | F | Z | R | E | N | Î | D | S | N | P | G |
| S | A | L | A | D | E | P | B | M | L | E | O | O | Â |
| Y | E | W | I | H | N | U | M | P | D | R | U | I | T |
| S | X | M | A | A | U | O | G | B | P | È | I | S | E |
| É | E | B | U | A | E | S | V | O | B | L | L | S | A |
| K | P | R | H | G | J | J | P | I | A | L | L | O | U |
| F | V | I | V | K | É | T | O | S | B | I | E | N | A |
| S | E | L | C | E | D | L | X | S | I | U | S | O | Q |
| X | A | J | Y | E | U | J | G | O | R | C | K | P | H |
| J | H | R | C | R | S | R | C | N | U | A | A | I | S |

GÂTEAU  
DÎNER  
BOISSON  
OEUF  
FRUIT  
LÉGUMES  
DÉLICIEUX  
GLACE  
CUILLÈRE  
DÉJEUNER  

NOUILLES  
SERVEUR  
SALADE  
SOUPE  
ÉPICES  
CHAISE  
POISSON  
FOURCHETTE  
EAU  
SEL

# 32 - De Media

```
G J Q F Q L S J M X W K N P
M U O A S K O I X D K O A L
E S C I J D R C U V T V P E
H N I T A R A C A Z N G L U
B O L S G E D F N L E H N T
A I B I L A I C R E M M O C
F T U Y G U O U U U E R I E
U I P Q B N S D O Q C É N L
E D R Q B M E G J I N S I L
L É C C Y T Z D W R A E P E
A T T I T U D E S É N A O T
É D U C A T I O N M I U L N
I N D U S T R I E U F K N I
Q L E U D I V I D N I V Z J
```

COMMERCIAL  
NUMÉRIQUE  
ÉDITION  
FAITS  
FINANCEMENT  
ATTITUDES  
INDIVIDUEL  
INDUSTRIE  
INTELLECTUEL  

JOURNAUX  
LOCAL  
OPINION  
RÉSEAU  
ÉDUCATION  
EN LIGNE  
PUBLIC  
RADIO

# 33 - Bijen

```
F F J M W Y K N S D F Q U C
X L E I M Y R V M R U Y D T
F E É Z T E G I I X E T X V
R U T C D M T W Y E R I C I
W R I C Q È R V A H U U N S
T F S T E T V U I C T R E E
A W R J W S I Y L U I F L U
O M E Y N Y N H E R R F L Q
T T V K U S J I S C R L O I
L L I E L O S A U G U E P F
M C D Y I C T M R Q O U U É
F U M É E É S W P D N R B N
H A B I T A T A C L I S I É
M F X E S S A I M Q E N N B
```

RUCHE
FLEURS
FLEUR
DIVERSITÉ
ÉCOSYSTÈME
FRUIT
HABITAT
MIEL
INSECTE
REINE

FUMÉE
POLLEN
JARDIN
AILES
NOURRITURE
BÉNÉFIQUE
CIRE
SOLEIL
ESSAIM

# 34 - Wandelen

```
L O U R D F W C G R X B C P
L D Y M P A S J X J S Q F R
G C X J X N A T U R E E W É
A G N I P M A C A O U A W P
L B O T T E S S M S Q U A A
R Y I T A T R A I O I X K R
F C T U M R E U N M T S Y A
I A A E I A G V A M S A P T
V T T S L C N A A E U V H I
W P N I C O A G H T O I A O
S S E A G S D E E D M G A N
L B I L U U M O N T A G N E
S C R A P L É P I E R R E S
G A O F S S O L E I L R G R
```

MONTAGNE
ANIMAUX
DANGERS
CARTE
CAMPING
FALAISE
CLIMAT
BOTTES
FATIGUÉ
MOUSTIQUES

NATURE
ORIENTATION
PARCS
PIERRES
SOMMET
PRÉPARATION
EAU
SAUVAGE
SOLEIL
LOURD

# 35 - Ecologie

```
F C R H D V C D V E J Q E F
J L Z L V A L I É M A R I N
M X O E U R I V G S R O V G
B O Y R Z I M E É É R U R P
K Y N U E É A R T C J Z U Q
E O O T C T T S A H S B S X
R S Z A A É S I T E N U A F
U E P N Q G S T I R I N T D
T T Z È Z G N É O E P M A U
A N T K C B I E N S Z A O R
N A A Y N E V G S S J R Q A
R L A B O L G L F E U A J B
V P G H A B I T A T S I A L
C O M M U N A U T É S S Y E
```

MONTAGNES
DIVERSITÉ
SÉCHERESSE
DURABLE
FAUNE
FLORE
COMMUNAUTÉS
GLOBAL
HABITAT
CLIMAT

MARIN
MARAIS
NATURE
NATUREL
SURVIE
PLANTES
ESPÈCE
VARIÉTÉ
VÉGÉTATION

# 36 - Landen #1

```
N I C A R A G U A R F W E B
S P I W C A M B O D G E G E
M A R O C H C I T Z Y I Y L
E S P A G N E V P A W S P G
P S I L I H C E E Q N R T I
M O M E I N A M U O R A E Q
A I L I S S L I B Y E Ë I U
G S P O B B É E C N P L T E
C M T U G N O R V È G E A I
L A Y Z L N P R B V L I L R
E I N O T T E L E R M M I A
Q F X A M A N A P T V S E K
K W J O D A L L E M A G N E
Z N O F P A S É N É G A L C
```

BELGIQUE
BRÉSIL
CAMBODGE
CANADA
CHILI
ALLEMAGNE
EGYPTE
IRAK
ISRAËL
ITALIE
LETTONIE
LIBYE
MAROC
NICARAGUA
NORVÈGE
PANAMA
POLOGNE
ROUMANIE
SÉNÉGAL
ESPAGNE

# 37 - Installaties

```
L I E R R E R A C I N E M M
H O T S H E R B E N S S J O
E N G R A I S U T C A C Q U
R O I U I F Z Q T H Z A J S
O I O E J D E U O B M A B S
L T S L W M N U C K M R S E
F A G F S Q B A I F O R Ê T
K T B P F G U M R L Q V J B
S É A A W X I R A G L F A L
P G I Z K Y S A H E U E R F
W É E Y K W S E P I W R D W
W V K T E L O S K Y X B I Y
K R E U Q I N A T O B R N J
U Z H R W F E U I L L A G E
```

BAMBOU  
BAIE  
FEUILLE  
FLEUR  
ARBRE  
HARICOT  
FORÊT  
CACTUS  
FLORE  
FEUILLAGE  

HERBE  
GRANDIR  
LIERRE  
ENGRAIS  
MOUSSE  
BOTANIQUE  
BUISSON  
JARDIN  
VÉGÉTATION  
RACINE

# 38 - Oceaan

```
Q R V E É P N E W B E V I A
P S G E E P L U O P V P R T
O L U O M B O U A J D B K G
I A L G U E E N I E L A B G
S O A H A A B O G Z K E H L
S I K M R O A H S E É A M
O I E Q U É R T P L W T C T
N I U Q E R C F L L Z Î O O
D A U P H I N I O I S U R R
C R E V E T T E F U E H A T
Z Q M É D U S E C G L D I U
T E M P Ê T E P J N S W L E
Z U M Z S Q S V B A T E A U
G J M W G J W R J D F Y N V
```

ANGUILLE
ALGUE
BATEAU
DAUPHIN
CREVETTE
MARÉES
REQUIN
CORAIL
CRABE
MÉDUSE

POULPE
HUÎTRE
RÉCIF
TORTUE
ÉPONGE
TEMPÊTE
THON
POISSON
BALEINE
SEL

# 39 - Landen #2

```
E U Q I X E M L W H S R U T
C T X I K W S K E N Y A K K
N S H O U G A N D A J E R L
A Y F I J H L D M K Z I A I
R R P Z O L Q Z J R V S I B
F I W F H P Z B U A L É N É
E E O X K K I S Q M P N E R
D E Z F T H R E L E G O Z I
N N I G E R I A J N R D N A
A É N S E A A X W A È N N V
L N P O U E G S D D C I V X
R Y X A R U S S I E E R N E
I T L L L I B A N R F I W
S O M A L I E I S I A L A M
```

DANEMARK
ETHIOPIE
FRANCE
GRÈCE
IRLANDE
INDONÉSIE
JAPON
KENYA
LAOS
LIBAN

LIBÉRIA
MALAISIE
MEXIQUE
NÉPAL
NIGERIA
OUGANDA
UKRAINE
RUSSIE
SOMALIE
SYRIE

# 40 - Bloemen

| | | | | | | | | | | | | |
|---|---|---|---|---|---|---|---|---|---|---|---|---|
| E | R | K | L | P | I | S | S | E | N | L | I | T | N |
| L | B | C | V | A | I | R | E | M | U | L | P | U | J |
| L | E | N | I | O | V | I | P | T | O | H | Z | K | A |
| I | Q | D | M | G | U | A | P | F | U | E | T | Z | S |
| U | E | S | O | R | A | M | N | Y | U | L | A | F | M |
| Q | T | N | F | J | H | R | V | D | E | I | I | S | I |
| N | I | P | A | V | O | T | D | M | E | M | L | P | N |
| O | R | C | H | I | D | É | E | É | Y | S | O | I | E |
| J | E | L | A | T | É | P | L | X | N | I | N | G | S |
| V | U | P | N | Q | C | Y | F | F | P | I | G | D | H |
| W | G | J | H | N | I | N | È | F | P | K | A | F | O |
| J | R | K | F | O | K | C | R | G | M | L | M | E | I |
| G | A | L | Y | S | G | O | T | E | U | Q | U | O | B |
| S | M | P | A | S | S | I | F | L | O | R | E | C | Q |

PÉTALE
BOUQUET
GARDÉNIA
JASMIN
TRÈFLE
LAVANDE
LYS
MARGUERITE
MAGNOLIA

JONQUILLE
ORCHIDÉE
PISSENLIT
PAVOT
PASSIFLORE
PIVOINE
PLUMERIA
ROSE
TULIPE

# 41 - Huisdieren

```
L É Z A R D P Q U E U E C X
K C E E W M E H U T M U H E
E S M A X V R P A W R T A R
R N P U F B R M K M E R T U
V E U S K Y O U Q M S O O T
È T S M S C Q D K P U T N I
H S N G W F U I P V H A E R
C H I E N M E E R A W H S R
J V P R Q M T O R Q T C M U
D B A W U V A C H E K T G O
F T L I N O S S I O P Q E N
C H I O T S S E F F I R G S
C O L L I E R F E C W Z X P
V É T É R I N A I R E G I Y
```

VÉTÉRINAIRE
CHÈVRE
LÉZARD
HAMSTER
CHIEN
CHAT
CHATON
GRIFFES
VACHE
LAPIN

COLLIER
SOURIS
PERROQUET
PATTES
CHIOT
TORTUE
QUEUE
POISSON
NOURRITURE
EAU

# 42 - Landschappen

```
O L Z D Î L E V O F I F M C
N C A O É V W Q A L C C O O
Q V É M A S R V S E E R N L
I R D A P D E H I U B X T L
H E U O N F M R S V E R A I
P Y V F B Y O A T E R P G N
N Y Y A R D N U O T G Y N E
T E L E L U S N I N É P E G
O T P D E L W K U Z S Y F L
P T J A C W É R T I A G Q A
V O L C A N R E S Y E G L C
L R E S I A R A M B S G A I
Z G K A M P I U J X L L C E
I A Y C J Z P L A G E O S R
```

MONTAGNE
ÎLE
GEYSER
GLACIER
GROTTE
COLLINE
ICEBERG
LAC
MARAIS
OASIS

OCÉAN
FLEUVE
PÉNINSULE
PLAGE
TOUNDRA
VALLÉE
VOLCAN
CASCADE
DÉSERT
MER

# 43 - Tuin

```
R W U G V J T D P R L G C J
P O Q Q G U R U E L F A L A
O U C A M H A K L A L R Ô R
R A S H R Q M E L K H A T D
C Y R T E Y P R E Q C G U I
H U S B G S O Â S V B E R N
E T R M R B L T S A Z S E O
C Z E É E E I E A N C U Y S
W B B T V N N A R F U O W S
N Y X A B G E U R T H L C I
B Z P N O I K P E B R E H U
H A M G F V Z F T U B P D B
W P N M V J F R R E T N V A
Z G K C A M A H W W U F Q O
```

BANC
FLEUR
ARBRE
VERGER
GARAGE
PELOUSE
HERBE
HAMAC
RÂTEAU
CLÔTURE

ROCHES
PELLE
TUYAU
BUISSON
TERRASSE
TRAMPOLINE
JARDIN
PORCHE
ÉTANG
VIGNE

# 44 - Beroepen #2

```
E T S I L A N R U O J M R A
T Z I E V I T C E T É D E S
O V R R E I N I D R A J R T
L Z U E T S I G O L O I B R
I G E E G N T F U B H R C O
P R H T F D H Q R I L U N N
A V C S Z O G J U F S E P A
A G R I C U L T E U R T Y U
L V E T N A N G I E S N E T
R S H N U I N T N L R E L E
T N C E D W D V É B G V D K
K G B D X Q H L G E K N S U
M É D E C I N R N H Y I E R
X E H P O S O L I H P K Q I
```

MÉDECIN
ASTRONAUTE
BIOLOGISTE
AGRICULTEUR
DÉTECTIVE
PHILOSOPHE
INGÉNIEUR
JOURNALISTE

ENSEIGNANT
LINGUISTE
CHERCHEUR
PILOTE
DENTISTE
JARDINIER
INVENTEUR

# 45 - Dagen en Maanden

```
O F A C T V F J F K J A W N
S A M E D I E É G V U N F O
E T T C F S C N V X I N W V
G O S A J E H M D R N É K E
L C D L A P P Y V R I E A M
S T X E N T Û O A J E E P B
E O Q N V E O R U E M D R R
M B S D I M M Z O U E V I E
A R M R E B K O V D R L E D
I E A I R R X I I I C U M L
N O R E R E Z L X S R N A F
E T S R V E S G Y P E D R B
J U I L L E T Q Z Z D I D I
Q Y C C E H C N A M I D I K
```

AOÛT
MARDI
JEUDI
FÉVRIER
ANNÉE
JANVIER
JUILLET
JUIN
CALENDRIER
MOIS

LUNDI
MARS
NOVEMBRE
OCTOBRE
SEPTEMBRE
VENDREDI
SEMAINE
MERCREDI
SAMEDI
DIMANCHE

# 46 - Beeldende Kunsten

```
F V C É R A M I Q U E X S V
E R V U Œ D F E H C I L A E
R J Z Y E T S I T R A B P R
U I É T I V I T A É R C E N
T I A R T R O P R Q C L I I
C N O I T I S O P M O C N S
E R I B I G C A C I R E T C
T R A G X U U S R H M P U H
I M B Y Y A L S K G L P R A
H L S R O V P E T S I W E R
C P L F F N T Z C Y F L O B
R N Y T N O U K J V L N E O
A O Z B H H R I O H C O P N
U Y U Q V T E L A V E H C N
```

ARCHITECTURE
ARTISTE
SCULPTURE
CRÉATIVITÉ
CHEVALET
FILM
CHARBON
CÉRAMIQUE
ARGILE
CRAIE

CHEF-D'ŒUVRE
STYLO
PORTRAIT
CRAYON
COMPOSITION
PEINTURE
POCHOIR
VERNIS
CIRE

# 47 - Mode

```
B O U T I Q U E F R E S I M
K E L L E T N E D U T I A I
É L É G A N T O C L Y M B N
T B V B D P T Y K A T P O I
E A Ê O M O D E R N E L R M
N T T U B L W U E I L E D A
D R E T M Q N Q H G È I A L
A O M O A H Y I C I D Q B I
N F E N W U G T Z R O T L S
C N N S D S A A W O M F E T
E O T H J S E R U T X E T E
K C S C J I V P W X Z I F Q
M O D E S T E L Z S T Y L E
W J F W B R O D E R I E F K
```

MODESTE
ABORDABLE
BRODERIE
CONFORTABLE
CHER
SIMPLE
ÉLÉGANT
DENTELLE
VÊTEMENTS
BOUTONS

MINIMALISTE
MODERNE
ORIGINAL
MODÈLE
PRATIQUE
STYLE
TISSU
TEXTURE
TENDANCE
BOUTIQUE

# 48 - Tuinieren

```
F P C B M G B C B C F J J H
I L T X K Q O O O O E Q O U
Q M O M M G T M U M U I I M
I A N R R F A E Q P I A R I
S O L U A W N S U O L F E D
C H R E T L I T E S L E I I
F T A L D Y Q I T T E U N T
H P Q F B E U B T Q U I N É
E S P È C E E L U V Q L O T
G R A I N E S E Y E I L S E
C L I M A T T C A R T A I L
B K X B X K M J U G O G A A
E H T L C M V U J E X E S S
X T N E I P I C É R E V C T
```

| | |
|---|---|
| FEUILLE | EXOTIQUE |
| FLORAL | FEUILLAGE |
| FLEUR | CLIMAT |
| SOL | SAISONNIER |
| BOUQUET | TUYAU |
| VERGER | ESPÈCE |
| BOTANIQUE | HUMIDITÉ |
| COMPOST | SALETÉ |
| RÉCIPIENT | EAU |
| COMESTIBLE | GRAINES |

# 49 - Menselijk Lichaam

```
M E C C I E C Q X X I D É C
P Â M J F X O L P O Y O P H
C K C F P G U O N E G I A E
E P A H N A D M F S N G U V
R C M F O P E T Ê T Z T L I
V M O A T I B O U C H E E L
E P T Q N T R U Œ C F L N L
A W S V E S A E X M S L T E
U O E Q M S A N G I M I R U
J C O U M P P E A U B E O G
N A J M A I N G C J P R N N
Q T M K A W J T P B H O O A
V B H B O B T F K Q O R I L
S A K Z E Z T N N E Q J B T
```

| | |
|---|---|
| JAMBE | MENTON |
| SANG | GENOU |
| COUDE | ESTOMAC |
| CHEVILLE | BOUCHE |
| MAIN | COU |
| CŒUR | NEZ |
| CERVEAU | OREILLE |
| TÊTE | ÉPAULE |
| PEAU | LANGUE |
| MÂCHOIRE | DOIGT |

# 50 - Energie

```
P O L L U T I O N B G G S V
O P H N U C L É A I R E C T
T H Z Y C H A L E U R E A V
N O K T D S T G T G A N R A
O T C E I R T S U D N I B P
R O E M U L O V E N T B U E
T N I K G F U G J N K R R U
C A R B O N E I È G L U A R
E V E U S N J L T N H T N E
L E T L E S E I D P E E T D
É Q T X I T E N T R O P I E
D Y A M E T O E S S E N C E
S C B K W D A M Y V F M U O
E N V I R O N N E M E N T E
```

BATTERIE
ESSENCE
CARBURANT
DIESEL
ÉLECTRON
ENTROPIE
PHOTON
INDUSTRIE
CARBONE

MOTEUR
NUCLÉAIRE
ENVIRONNEMENT
VAPEUR
TURBINE
POLLUTION
CHALEUR
HYDROGÈNE
VENT

# 51 - Familie

```
Y W E E L L I F C Y F H A O
P E L C N O X Q V B E R È M
P A V D E F H H M E M T E S
E T T E C N A F N E M H R S
T A Y E R È P N E H E A V A
I N Y R R F A R T E C È I N
T T L È N N M A R I J F H C
F E Q P O E E R È R F U I Ê
I Y W D S S V L J E V M N T
L C T N A F N E T I T E P R
S T N A F N E R U E O S O E
A O N R G R A N D M È R E T
S Q W G K S O A A G B K L G
Z A G T V B K H F A C W E X
```

FRÈRE
FILLE
GRAND-MÈRE
ENFANCE
ENFANT
ENFANTS
PETIT-ENFANT
PETIT-FILS
MARI
MÈRE

NEVEU
NIÈCE
ONCLE
GRAND-PÈRE
TANTE
PÈRE
PATERNEL
ANCÊTRE
FEMME
SOEUR

## 52 - Gebouwen

```
M A P P A R T E M E N T C U
U C I N É M A N B U D X Z S
S O B S E R V A T O I R E I
É J S U X E T N E T O U R N
E G N A R G F E R M E F F E
A O A E N Y F E I Q N O Q D
M A L T L V F R O O I J U G
B Q P Â P N L D T Q B L I U
A D C H S S U C A H A U O S
S I A C E X N F R É C O L E
S V S D Y N G G O H Ô T E L
A T H É Â T R E B S T A D E
D B Y M X W M R A V M Z O A
E H Ô P I T A L L U R O N P
```

AMBASSADE
APPARTEMENT
CINÉMA
FERME
CABINE
USINE
HÔTEL
CHÂTEAU
LABORATOIRE

MUSÉE
OBSERVATOIRE
ÉCOLE
GRANGE
STADE
TENTE
THÉÂTRE
TOUR
HÔPITAL

# 53 - Kunst

```
H C S M J O I C V K O H S C
F U O U E S L R I T R O Y O
X N M M R R L É S X I N M M
N J M E P R L E U G G N B P
K R W T U L É R E U I Ê O O
S U J E T R E A L I N T L S
V Y E B P W I X L E A E E I
S W L E N F Q E E I L X W T
D É P E I N D R E S S I L I
S Q M X T L X U E É H M S O
Y A I X Y V D G U O E C E N
E V S I F T S I E P R R Y U
I N S P I R É F F A K X R F
R F P E I N T U R E S N U W
```

COMPLEXE
CRÉER
SIMPLE
HONNÊTE
FIGURE
INSPIRÉ
HUMEUR
SUJET

ORIGINAL
POÉSIE
DÉPEINDRE
COMPOSITION
PEINTURES
SURRÉALISME
SYMBOLE
VISUEL

# 54 - Beroepen #1

```
C P S Y C H O L O G U E A V
G A B I J O U T I E R U S É
É E R È I M R I F N I F T T
O T É T C H A S S E U R R É
L È T D O T N O J K H H O R
O L X A I G X X L V N P N I
G H R G V T R I E L Z I O N
U T P S P O E A Q C N A M A
E A F R V J C U P C I N E I
D A N S E U R A R H C I F R
P L O M B I E R T J E S A E
M U S I C I E N C B D T E V
P H A R M A C I E N É E V A
U R U E D A S S A B M A B V
```

AVOCAT
AMBASSADEUR
PHARMACIEN
ASTRONOME
ATHLÈTE
CARTOGRAPHE
DANSEUR
VÉTÉRINAIRE
MÉDECIN

ÉDITEUR
GÉOLOGUE
CHASSEUR
BIJOUTIER
PLOMBIER
MUSICIEN
PIANISTE
PSYCHOLOGUE
INFIRMIÈRE

# 55 - Antarctica

```
E C A L G I Z M Q P P C T R
N L X I R D Z D W M L O E O
V D U A E N U A G E F N M C
I B A S R E I C A L G S P H
R Z R X N Q Î V Z W B E É E
O G É D K I A L B B Q R R U
N T N Y Q J N U E J K V A X
N P I F S C A É B S C A T B
E G M H E O K E P B W T U A
M E X P É D I T I O N I R I
E P I N G O U I N S V O E E
N O I T A R G I M W T N Z K
T N E N I T N O C S U I I Z
N S C I E N T I F I Q U E A
```

BAIE
CONSERVATION
CONTINENT
ÎLES
EXPÉDITION
GLACIERS
GLACE
MIGRATION
MINÉRAUX
ENVIRONNEMENT
PINGOUINS
ROCHEUX
PÉNINSULE
TEMPÉRATURE
EAU
SCIENTIFIQUE
NUAGE

# 56 - Ballet

```
C O M P O S I T E U R J W S
P R A T I Q U E M H T Y R O
T K U R É P É T I T I O N L
E X P R E S S I F U N Q O O
V L A É B A L L E R I N E T
H E C T M F X U E I C A R G
A R T I S T I Q U E M S D G
H T I S L A N V Q L U T A E
R S T N T B W X I A S Y N S
W E K E B W U B N Y I L S T
H H C T R X N P H M Q E E E
Z C G N N S E L C S U M U I
W R I I F G Q D E D E N R H
Y O V S Z W B U T L P Z S J
```

ARTISTIQUE
BALLERINE
COMPOSITEUR
DANSEURS
EXPRESSIF
GESTE
INTENSITÉ
MUSIQUE
ORCHESTRE
PRATIQUE
PUBLIC
RÉPÉTITION
RYTHME
GRACIEUX
SOLO
MUSCLES
STYLE
TECHNIQUE

# 57 - Fruit

```
R P C L K R B A I E A K Y U
W A P F I Q H M V N V K B I
B Q I I W L T R R A O W L O
V A T S I J F S M N C N Y R
M G D E I B L V N A A U E A
A D C S E N B T E B T X N N
N L X E R I O P S W L A E G
G N S B R P E O I A V B C E
U F D Q A I O N O T M R T Q
E P Ê C H E S M B P E I A H
C I T R O N V E M U L C R A
A N A N A S P D A E O O I H
P A P A Y E K H R L N T N J
A P R U N E S H F F S S E E
```

ABRICOT
ANANAS
POMME
AVOCAT
BANANE
BAIE
CITRON
RAISIN
FRAMBOISE
CERISE
KIWI
MANGUE
MELON
NECTARINE
ORANGE
PAPAYE
POIRE
PÊCHE
PRUNE

# 58 - Engineering

```
L U C L A C X J V L S C P S
D I F R I C T I O N Q W I U
I F Q Z N O I S L U P O R P
A M D U O P Y H P P S W G M
M E É T I L I B A T S S F A
È S Y U T D K Z A E W E M C
T U C H A L E S E I D N O H
R R P Y T É N E R G I E U I
E E M G O K A M C G F M V N
Z C C E R U T C U R T S E E
F M O T E U R A X E O L M L
P R O F O N D E U R Y F E G
D I A G R A M M E S M D N N
C O N S T R U C T I O N T A
```

AXE
CALCUL
MOUVEMENT
CONSTRUCTION
DIAGRAMME
DIAMÈTRE
PROFONDEUR
DIESEL
ÉNERGIE
ANGLE

FORCE
MACHINE
MESURE
MOTEUR
ROTATION
STABILITÉ
STRUCTURE
LIQUIDE
PROPULSION
FRICTION

# 59 - Literatuur

```
N O A A K R U E T A R R A N
R P N E U G O L A I D I R X
B I A O E T O D C E N A M Y
Y N L X W D E M È H T K O E
U I O M V V K U S N U S F M
Y O G N O S I A R A P M O C
R N I Y Q X S S M Z K P G
F Y E E U Q I T É O P I M V
I P T V Z K H Y N R V F E K
C R A H H K A L K Q Y S N P
T C G C M N N E M È O P N P
I P B F Z E T R A G É D I E
O A N A L Y S E E R Y A V Y
N O I S U L C N O C R J E H
```

ANALOGIE
ANALYSE
ANECDOTE
AUTEUR
CONCLUSION
DIALOGUE
FICTION
POÈME
OPINION
POÉTIQUE
RIME
RYTHME
ROMAN
STYLE
THÈME
TRAGÉDIE
COMPARAISON
NARRATEUR

# 60 - Boeken

```
I D P C O L L E C T I O N G
E U L E M É T R A G I Q U E
E A E M R R C T S N T G P B
E L C È U T E R I O T S I H
R I T O Q W I Z I T Z P A V
I T E P D F D N R T D T V V
A É U V D R Y B E U Q I P É
R V R E F W F I T N E V N I
É G E I S É O P Y Y T F C W
T X G N H I S T O R I Q U E
T X A E T X Y R O M A N V T
I X P P S U H D Q P F S E W
L Y B F Z M R U E T U A T J
N I W N E T X E T N O C R J
```

AUTEUR
AVENTURE
PAGE
COLLECTION
CONTEXTE
DUALITÉ
ÉPIQUE
POÈME
ÉCRIT

HISTORIQUE
INVENTIF
LECTEUR
LITTÉRAIRE
POÉSIE
PERTINENT
ROMAN
TRAGIQUE
HISTOIRE

# 61 - Meer Informatie

```
F A N T A S T I Q U E M K H
M Y S T É R I E U X Z X M Q
R V J C O R F K N X E E Z L
F É E Y A L P W O E M R H I
U S A Z R N Z V I T Ê I W V
T O I L O O R L S È R A W R
U E F P I I U J N T N L E
R O F M R S G A L A X I E S
I R M I A O T C L L E G I T
S A O I N L Z E I P W A P O
T C N O É P F W S N X M O B
E L D Y C X K G V S É I T O
A E E P S E J V W V N M U R
T E C H N O L O G I E V A V
```

CINÉMA
LIVRES
FEU
IMAGINAIRE
EXPLOSION
EXTRÊME
FANTASTIQUE
FUTURISTE
ILLUSION
MYSTÉRIEUX

ORACLE
PLANÈTE
RÉALISTE
ROBOTS
SCÉNARIO
GALAXIE
TECHNOLOGIE
UTOPIE
MONDE

# 62 - Regenwoud

```
D D I I R B L B L M M U P R
E I N S N E I B I H P M A E
S V S O E D F Z M I I V P S
P E E C I Q I H I T Y L R T
È R C F V S W G Z A V M É A
C S T T R G E E È H C O C U
E I E C U J R A G N H U I R
G T S E S P U N U U E S E A
A É Y P X F T H T X F S U T
U L P S V T A M I L C E X I
N Q Q E L G N U J X V M R O
D M W R B O T A N I Q U E N
P R É S E R V A T I O N P Z
U C O M M U N A U T É C Y J
```

AMPHIBIENS
PRÉSERVATION
BOTANIQUE
DIVERSITÉ
COMMUNAUTÉ
INDIGÈNE
INSECTES
JUNGLE
CLIMAT
MOUSSE

NATURE
SURVIE
RESPECT
RESTAURATION
ESPÈCE
REFUGE
OISEAUX
PRÉCIEUX
NUAGE

# 63 - Haartypes

```
N L Z N K B B V F R I S É V
S D N É R O L O C N O I R A
W O B L O N D R U L E K X T
J U U U R O V P O C E S M U
T X V D G R E S Y H L T Q P
B L A N C R S A I N B E W U
O L I O Z A E H K I Y V S U
C Q A P T M E E I U Y U I O
T O B R I L L A N T M A R N
Q R U A U W E I C N I H G U
V H E R T X K P V E N C N Y
X T E S T O G L N G C D O S
H N V Q S I A P É R E H L H
S Q T I L É L W W A P C L V
```

BLOND  
MARRON  
ÉPAIS  
SEC  
MINCE  
COLORÉ  
TRESSÉ  
SAIN  
BRILLANT  
ONDULÉ  

GRIS  
CHAUVE  
COURT  
BOUCLES  
FRISÉ  
LONG  
BLANC  
DOUX  
ARGENT  
NOIR

# 64 - Stad

```
G A L E R I E P F P Z O O C
C D R É H M H Q L H E R S I
Y U G H J R Ô J E A E M U N
P E B C A W T E U R I E P É
D I B R W R E H R M C E M
M R R A X P L U I A E L R A
B I E M U S É E S C G I M M
R A S T A D E R T I N N A A
C R N N L K D T E E A I R G
N B O Q R X T Â É O L Q C A
E I U D U E V É I C U U H S
Z L A N O E T H X P O E É I
A É R O P O R T O D B L H N
B I B L I O T H È Q U E E K
```

PHARMACIE
BOULANGERIE
BANQUE
BIBLIOTHÈQUE
CINÉMA
FLEURISTE
LIBRAIRIE
ZOO
GALERIE
HÔTEL

CLINIQUE
AÉROPORT
MARCHÉ
MUSÉE
ÉCOLE
STADE
SUPERMARCHÉ
THÉÂTRE
MAGASIN

# 65 - Creativiteit

```
A E É S T N E M I T N E S A
I X T M A V G E H A P C G U
N P R X O X A U C A H N N T
V R A K L T M Z J E U E O H
E E L Z É X I K N Q I T I E
N S C N T Q R O Z M I É T N
T S N O I S I V N U L P A T
I I H S L F C L V S J M S I
F O I M A G I N A T I O N C
H N O I T I U T N I L C E I
C X N O I S S E R P M I S T
G G X H V S P O N T A N É É
D R A M A T I Q U E U L N B
I N T E N S I T É Y V P G U
```

IMAGE
DRAMATIQUE
AUTHENTICITÉ
ÉMOTIONS
SENSATION
SENTIMENTS
CLARTÉ
IMPRESSION
INTENSITÉ

INTUITION
INVENTIF
SPONTANÉ
EXPRESSION
COMPÉTENCE
IMAGINATION
VISIONS
VITALITÉ

# 66 - Natuur

```
H W F X A M B F G T D A N A
M S E W B I B Q L R N B U R
N A U D E É T U A E B R A C
H U I N I W Ê W T S U I G T
O V L E L S R X I É W V E I
G A L R L X O B V D A G E Q
T G A I E S F W X R F V O U
R E G A S E S I A L A F D E
O E E U E R A N I M A U X S
P W I T B E U Q I M A N Y D
I V X C V I D L T Z O V S C
C C Y N A N O I S O R É E S
A D R A L L I U O R B F S W
L U A S W G G O M M B E V M
```

ARCTIQUE
ABEILLES
FORÊT
ANIMAUX
DYNAMIQUE
ÉROSION
FEUILLAGE
GLACIER
SANCTUAIRE
FALAISES

BROUILLARD
FLEUVE
BEAUTÉ
ABRI
SEREIN
TROPICAL
VITAL
SAUVAGE
DÉSERT
NUAGE

# 67 - Zoogdieren

```
R M E T O Y O C R K J F C U
N G P S A O E T E R V È H C
C H I E N U G I R A F E A W
A M B N I R R O T S A C M Z
A W L I P D H E N Â C S E V
D V N E A Z A W A D H O A T
E M L L L Q T U H U A T U X
W S N A S C J B P G T B Q B
U P J B B I O I É H S B T R
C H E V A L N E L L I R O G
L I O N K A J G É L P N P W
R Q V G N Q U V E O R J H P
K A N G O U R O U U G S O S
J R E N A R D U I P I K O T
```

SINGE
CASTOR
COYOTE
DAUPHIN
ÂNE
CHÈVRE
GIRAFE
GORILLE
CHIEN
CHAMEAU
KANGOUROU
CHAT
LAPIN
LION
ÉLÉPHANT
CHEVAL
TAUREAU
RENARD
BALEINE
LOUP

# 68 - Overheid

```
H N A T I O N A L N É X C Z
J K X A D G L A O A G L O I
L U D T P I G T S T A T R C
E R S É A L S Q T I L B C O
A R L T W T H C I O I N I N
D E N R I Z J L O N T O T S
E V F E G C K S R U É I O T
R K D B Y S E U D W R S Y I
F E R I A I C I D U J S E T
D X H L C I V I L D E U N U
D É M O C R A T I E B C N T
Y B X R L E L O B M Y S E I
P O L I T I Q U E V D I T O
B C D M O N U M E N T D É N
```

CITOYENNETÉ
CIVIL
DÉMOCRATIE
DISCUSSION
ÉGALITÉ
JUDICIAIRE
JUSTICE
CONSTITUTION
LEADER
MONUMENT

NATION
NATIONAL
POLITIQUE
DROITS
ÉTAT
SYMBOLE
DISCOURS
LIBERTÉ
LOI

# 69 - Voertuigen

```
Y Q F I U S Y Q K F Q H G X
E W D U A V I O N E M É H M
N B M A S U E N P R X L C H
A B H E R É L U V R I I C R
V F N T B A E Q V Y I C C U
A O B A R V D V N V A O G E
R L I B R K Z E I Q B P M T
A É W T B J K X A E U T K C
C V V H U I U A R U S È C A
M É T R O R U E T O M R A R
U D J G E M E N P M E E M T
S O U S M A R I N N X D I A
R R I A M B U L A N C E O X
O O S C O O T E R L K Z N I
```

AMBULANCE
VOITURE
PNEUS
BATEAU
BUS
CARAVANE
VÉLO
HÉLICOPTÈRE
MÉTRO
MOTEUR

SOUS-MARIN
FUSÉE
SCOOTER
TAXI
TRACTEUR
TRAIN
FERRY
AVION
RADEAU
CAMION

# 70 - Geografie

```
C O N T I N E N T D Y Z H D
M O N D E L L I V O O H É M
V W Y U X K D Î F Q I S M O
L C U S M E R L L B U J I N
A A C B A S O R E E R R S T
E L T Z X R N P Z X U E P A
P S T I M É R I D I E N H G
B S S I T Y A Q F X T Y È N
F V E R T U U Z L E A G R E
O S U É V U D D E R U G E U
C J O G F A D E U S Q V L J
É Z W I L C Z E V Y É J W G
A M C O Y W G E E A T L A S
N G I N C A R T E P X G M B
```

ATLAS
MONTAGNE
LATITUDE
CONTINENT
ÎLE
ÉQUATEUR
HÉMISPHÈRE
ALTITUDE
CARTE
PAYS

MÉRIDIEN
NORD
OCÉAN
RÉGION
FLEUVE
VILLE
MONDE
OUEST
MER
SUD

# 71 - Kunstbenodigdheden

```
H D M J S P S E S S O R B I
A U W T T P E R C N E A O Q
C U I B N A L I U P K Y O I
R I N L W S L S N O Y A R C
Y T C I E T E C O T Z C U C
L E I M M E R H B L U M N R
I A Y H M L A A R P H R N É
Q R R K O S U I A B H H E A
U É H G G J Q S H E A U L T
E M B Z I T A E C K D Y L I
L A N V C L P A P I E R O V
B C B S R U E L U O C P C I
A C H E V A L E T K O W A T
T R K D Q K X N A Z F U B É
```

ACRYLIQUE
AQUARELLES
BROSSES
CAMÉRA
CRÉATIVITÉ
CHEVALET
GOMME
CHARBON
ENCRE
ARGILE

COULEURS
COLLE
HUILE
PAPIER
PASTELS
CRAYONS
CHAISE
TABLE
PEINTURE
EAU

# 72 - Barbecues

```
K L U J Y A W F N Y T Q Z X
I X Y R A X U A E T U O C U
T Y G E K M L I R G D D A Y
O I G N O N S M L H U É T É
P A X U R Z E E C U A S I I
O X S E Q F M R T U H S U N
U Q E J X R U V I A C Z R V
L U K É X O G I E H M K F I
E L O D Z F É O A U B O G T
T W G T P K L P C R W X T A
F O U R C H E T T E S C T T
S A L A D E S J R N D Z Q I
M U S I Q U E L P Î C N Y O
F A M I L L E N K D S K S N
```

| | |
|---|---|
| DÎNER | MUSIQUE |
| FAMILLE | POIVRE |
| FRUIT | SALADES |
| GRIL | SAUCE |
| LÉGUMES | TOMATES |
| CHAUD | OIGNONS |
| FAIM | INVITATION |
| POULET | FOURCHETTES |
| DÉJEUNER | ÉTÉ |
| COUTEAUX | SEL |

# 73 - Schoonheid

```
C I P H O T O G É N I Q U E
S O C O U L E U R A E X F B
H O S E L I U H W Y W I I O
A X E M E O A U P N V K P U
M A C É É K E R A G Y K W C
P M I É L T P M U F R A P L
O A V L P É I Y T E I Â W E
O S R É R X G Q B P O L C S
I C E G O P A A U Y R I K E
N A S A D J P A N E I S Q M
G R T N U D U Z Y T M S V R
N A H C I L V X F V H E Z A
S N L E T B C I S E A U X H
O N J I S S T Y L I S T E C
```

CHARME
COSMÉTIQUE
SERVICES
ÉLÉGANT
ÉLÉGANCE
PHOTOGÉNIQUE
GRÂCE
PARFUM
LISSE
PEAU

COULEUR
BOUCLES
MASCARA
HUILES
PRODUITS
CISEAUX
SHAMPOOING
MIROIR
STYLISTE

# 74 - Wetenschappelijke Discip

```
E  L  E  I  M  O  T  A  N  A  E  O  L  H
Z  E  E  S  M  M  É  C  A  N  I  Q  U  E
P  U  I  S  U  M  K  L  T  B  M  G  H  Z
H  Q  N  Q  U  H  U  K  H  T  I  W  R  V
Y  I  O  S  L  J  O  N  O  B  H  Z  Z  X
S  T  I  E  I  G  O  L  O  H  C  Y  S  P
I  O  T  Q  K  E  I  G  O  L  O  I  B  Q
O  B  I  O  C  H  I  M  I  E  O  U  S  D
L  O  R  T  E  I  G  O  L  O  É  G  T  P
O  R  T  B  O  T  A  N  I  Q  U  E  I  K
G  G  U  S  O  C  I  O  L  O  G  I  E  E
I  R  N  M  I  N  É  R  A  L  O  G  I  E
E  I  G  O  L  O  C  É  V  F  R  T  A  W
Y  Q  M  É  T  É  O  R  O  L  O  G  I  E
```

ANATOMIE
BIOCHIMIE
BIOLOGIE
CHIMIE
ÉCOLOGIE
PHYSIOLOGIE
GÉOLOGIE
IMMUNOLOGIE
MÉCANIQUE
MÉTÉOROLOGIE
MINÉRALOGIE
BOTANIQUE
PSYCHOLOGIE
ROBOTIQUE
SOCIOLOGIE
NUTRITION

# 75 - Bijvoeglijke Naamwoorden

```
S F J T N F I T C U D O R P
A I K F I O H K E B F O V U
U E Y X A B U G T I X A U C
V R F N S I S V M D N N Z É
A X X C Z J M O E V S O P F
G F A T I G U É L A S R U A
E A M H F N T F K T U M R D
D E S C R I P T I F T A B Q
C R É A T I F U A A O L H H
D R A M A T I Q U E L D J I
V U J N M B F N A T U R E L
A R E S P O N S A B L E U Y
I N T É R E S S A N T R O F
S O M N O L E N T T B W S K
```

DOUÉ
DESCRIPTIF
CRÉATIF
DRAMATIQUE
SAIN
FAIM
INTÉRESSANT
FATIGUÉ
NATUREL
NOUVEAU
NORMAL
PRODUCTIF
SOMNOLENT
FORT
FIER
RESPONSABLE
SAUVAGE
SALÉ
PUR

# 76 - Kleding

```
R T K C H A U S S E T T E S
R E I S I M E H C C A J M F
V E S T E P A N T A L O N O
P P I C H E M I S E E T Y U
Z U S L C E I N T U R E W L
U J K A L P U L L A U L W A
S X U M N O Q Y U E S E R R
T U A J N D C A M T S C Y D
S A E W W A A R J N U A C A
T E B G I L F L V A A R D B
K P O L M O D E E M H B M A
M A R O I O W M P S C S J W
T H H G W E P Y J A M A B G
T C Y W Z H R G A N T S H H
```

BRACELET
CHEMISIER
PANTALON
GANTS
CHAPEAU
MANTEAU
VESTE
ROBE
COLLIER
MODE

PYJAMA
CEINTURE
JUPE
SANDALES
CHAUSSURE
TABLIER
CHEMISE
FOULARD
CHAUSSETTES
PULL

# 77 - Vliegtuigen

```
H N A V I G U E R W F G C C
C A T D É Q U I P A G E C A
E N U A T M O S P H È R E R
L B E T O L I P G P E E E B
A A W W E R U T N E V A Y U
E C N E L U B R U T R M I R
D N Y F Z H R U E T O M C A
C O N S T R U C T I O N I N
E L G U H I S T O I R E E T
A L D E S I G N A I R D L D
N A D I R E C T I O N A Z E
A B I D E S C E N T E Z O S
A T T E R R I S S A G E E I
P A S S A G E R L T D K Z J
```

DESCENTE
ATMOSPHÈRE
AVENTURE
BALLON
ÉQUIPAGE
CONSTRUCTION
CARBURANT
HISTOIRE
CIEL
HAUTEUR

ATTERRISSAGE
AIR
MOTEUR
NAVIGUER
DESIGN
PASSAGER
PILOTE
DIRECTION
TURBULENCE

# 78 - Herbalisme

| | | | | | | | | | | | | | |
|---|---|---|---|---|---|---|---|---|---|---|---|---|---|
| S | N | I | R | A | M | O | R | U | E | É | H | M | M |
| A | F | V | N | A | G | I | R | O | N | T | K | P | A |
| V | K | Y | O | G | M | P | I | I | C | I | W | V | R |
| E | K | J | G | E | R | I | A | N | I | L | U | C | J |
| U | V | U | A | G | S | É | A | D | D | A | T | B | O |
| R | E | E | R | M | B | W | D | N | T | U | P | A | L |
| G | R | M | T | L | A | K | M | I | E | Q | M | S | A |
| J | T | B | S | F | L | E | U | R | E | T | Y | I | I |
| A | N | Q | E | D | N | A | V | A | L | N | H | L | N |
| W | A | R | O | M | A | T | I | Q | U | E | T | I | E |
| I | R | G | G | Z | P | E | R | S | I | L | Q | C | U |
| O | F | G | J | P | K | J | A | I | L | I | R | A | U |
| M | A | J | A | R | D | I | N | O | R | T | N | I | E |
| Y | S | F | E | N | O | U | I | L | R | F | I | U | X |

AROMATIQUE
BASILIC
FLEUR
CULINAIRE
ANETH
ESTRAGON
VERT
INGRÉDIENT
AIL
QUALITÉ

LAVANDE
MARJOLAINE
ORIGAN
PERSIL
ROMARIN
SAFRAN
SAVEUR
THYM
JARDIN
FENOUIL

# 79 - Kracht en Zwaartekracht

```
H A J C I L D I O S M P M W
B W U N S G I Y T I G H O D
M G U M D É S F Q V Y Y U Y
T P E S S E T I V L J S V N
C S M V W X A É U E X I E A
A N S C O A N F I S B Q M M
P O I D S T C A Z R X U E I
M I T V E E E Y Y E P E N Q
I S É V T M T X B V I O T U
W S N Z È P I S N I L B R E
I E G I N S B C E N T R E P
M R A L A X R H C U D U D D
A P M A L B O V H X R G P I
K J U L P E X P A N S I O N
```

DISTANCE
AXE
ORBITE
MOUVEMENT
CENTRE
PRESSION
DYNAMIQUE
PROPRIÉTÉS
POIDS

IMPACT
MAGNÉTISME
PHYSIQUE
PLANÈTES
VITESSE
TEMPS
EXPANSION
UNIVERSEL

# 80 - Rijden

```
A T E L T Y I P H E M G V A
C N S É E U X U W S O A I C
C A R T E X N W U P T R T C
D R R I U E A N D C E A E I
A U F R R V N S E P U G S D
N B I U H P O N G L R E S E
G R H C D O T I M O T O E N
E A V É T L É E T U O R C T
R C C S N I I R W U C B N P
G A Z I C C P F P V R U E H
C K C X F E P R G O U E C X
G R W N C A M I O N B O I N
K W J V N Q R T T A O L L V
G W G X T X U T N O N J A J
```

VOITURE
CARBURANT
GARAGE
GAZ
DANGER
CARTE
LICENCE
MOTEUR
MOTO
ACCIDENT
POLICE
FREINS
VITESSE
RUE
TUNNEL
SÉCURITÉ
TRAFIC
PIÉTON
CAMION
ROUTE

# 81 - Wetenschap

| S | E | É | N | N | O | D | S | H | M | Y | N | E | É |
|---|---|---|---|---|---|---|---|---|---|---|---|---|---|
| C | E | U | Q | I | S | Y | H | P | O | M | A | X | V |
| I | M | L | I | L | R | E | N | C | L | M | T | P | O |
| E | O | F | U | A | P | D | I | N | É | I | U | É | L |
| N | T | V | R | C | B | O | J | D | C | N | R | R | U |
| T | A | F | B | P | I | H | L | W | U | É | E | I | T |
| I | U | A | A | P | O | T | X | J | L | R | Y | E | I |
| F | O | Z | Q | I | A | É | R | A | E | A | E | N | O |
| I | F | I | Q | J | T | M | A | A | S | U | L | C | N |
| Q | C | L | I | M | A | T | O | U | P | X | I | E | N |
| U | Y | H | P | V | O | R | G | A | N | I | S | M | E |
| E | U | Q | I | M | I | H | C | M | G | U | S | Y | J |
| O | B | S | E | R | V | A | T | I | O | N | O | N | A |
| L | A | B | O | R | A | T | O | I | R | E | F | J | Z |

ATOME
CHIMIQUE
PARTICULES
ÉVOLUTION
EXPÉRIENCE
FAIT
FOSSILE
DONNÉES
CLIMAT

LABORATOIRE
MÉTHODE
MINÉRAUX
MOLÉCULES
NATURE
PHYSIQUE
OBSERVATION
ORGANISME
SCIENTIFIQUE

## 82 - Natuurkunde

```
S W A E M O T A G F P U W M
O L W M E K C I W O X N S O
K S N S U C Q K L R M I M L
C O O I Q M E A M M O V P É
P A R T I C U L E U T E E C
D H T É M N U O S L E R X U
M C C N I V B Q S E U S P L
U W E G H M I G A Z R E É E
E S L A C H Z T M V U L R Q
U O É M C W D D E P N Q I D
M É C A N I Q U E S B R E V
F R É Q U E N C E D S G N R
R E L A T I V I T É V E C K
A C C É L É R A T I O N E H
```

ATOME
CHAOS
CHIMIQUE
PARTICULE
ÉLECTRON
EXPÉRIENCE
FORMULE
FRÉQUENCE
GAZ

MAGNÉTISME
MASSE
MÉCANIQUE
MOLÉCULE
MOTEUR
RELATIVITÉ
VITESSE
UNIVERSEL
ACCÉLÉRATION

# 83 - Muziekinstrumenten

```
G G H A R M O N I C A A U G
F C O X V C T M A R I M B A
E V I N O X J T F N Q C U G
T X V K G M J W C I V R T Z
T A M B O U R B F R O C F T
E T R O M B O N E U A P U M
N P B V E N O H P O X A S A
I I A I T P R G J B M A I N
R A S O Û Z R B J M A P O D
A N S L L U V A B A R F B O
L O O O F I N N H T K O T L
C B N N C S W J B W X R U I
G U I T A R E O S L X X A N
P P E R C U S S I O N Q H E
```

| | |
|---|---|
| BANJO | MARIMBA |
| BASSON | HARMONICA |
| FLÛTE | PERCUSSION |
| GUITARE | PIANO |
| GONG | SAXOPHONE |
| HARPE | TAMBOURIN |
| HAUTBOIS | TROMBONE |
| CLARINETTE | TAMBOUR |
| MANDOLINE | VIOLON |

# 84 - Antiek

```
R R D É C O R A T I F E V É
A E L Y T S N T Y F H C R L
E S S P A S S I O N N É B É
N T E I R E L A G M Q W N G
C A R C U A E L C I T R A A
H U U T U X U E I V H C E N
È R T V I É T I L A U Q R T
R A N E U Q I T N E H T U A
E T I M E U B L E S I P T V
S I E C L T A H K R Y I P A
C O P D C B H P W V Y È L L
I N G O È V N F R W N C U E
A R T L I C I W O I T E C U
E D J E S W S O W Y X S S R
```

AUTHENTIQUE
SCULPTURE
DÉCORATIF
SIÈCLE
ÉLÉGANT
GALERIE
ARTICLE
ART
QUALITÉ
PASSIONNÉ

MEUBLES
PIÈCES
INHABITUEL
VIEUX
PRIX
RESTAURATION
PEINTURES
STYLE
ENCHÈRES
VALEUR

# 85 - Activiteiten en Vrije Ti

```
C U S C J X I I E G A Y O V
J A P P Z M I W V O P L K O
A F M T E N N I S G O L F L
R O E P P T B O X E J A S L
D O T I I L R C X H J B A E
I T E O U N O U R C S E R Y
N B S C Z X G N E Ê U S T B
A A S D K E R L G P R A V A
G L A X B H R W A É F B I L
E L P C E R U T N I E P Y L
R A N D O N N É E S R U O C
B A S K E T B A L L F Z N M
N N V L R L H H L P P G L W
R E L A X A N T G X U F J K
```

BASKET-BALL
BOXE
PLONGÉE
GOLF
PÊCHE
PASSE-TEMPS
BASE-BALL
CAMPING
ART
RELAXANT

COURSE
VOYAGE
PEINTURE
SURF
TENNIS
JARDINAGE
FOOTBALL
VOLLEY-BALL
RANDONNÉE
NAGER

# 86 - Water

```
I V U B V O M H K I P N N Z
R L A N A C D O U C H E A J
R O H P V A G U E S U L S G
I U U Q E D F F R E O R A Z
G R M J Q U L L G L A C E C
A A I C H O R W E I U L P E
T G D É T I D I M U H J Q Y
I A E M O U S S O N V D K A
O N G D I E W Z K C A E P C
N A I É V A P O R A T I O N
U É E X G E Y S E R B K A A
M C N I N O N D A T I O N G
R O K I Y U R Z F M N N E E
H W N C P O T A B L E Q W L
```

DOUCHE
POTABLE
GEYSER
VAGUES
GLACE
IRRIGATION
CANAL
LAC
MOUSSON
OCÉAN
OURAGAN
INONDATION
PLUIE
FLEUVE
NEIGE
VAPEUR
ÉVAPORATION
HUMIDE
HUMIDITÉ
GEL

# 87 - Koffie

```
F A L F P L L I Q U I D E X
I I T Ô R A M A T I N G M T
U G L V I I U M B N C N È E
O H X T X T J I Z E M Ô R A
J L N Y R E M A V D J S C U
N A I N T E L F O H J W N V
O R I G I N E M S A C I D E
S I R I X S R M O A M G O A
S O X P P C C R J U V K Y E
I N C M I L U V J Z D E Y T
O V M L O X S R D Q M R U Y
B C A F É I N E S E Z O E R
T A S S E P T M G R R S O J
V A R I É T É Y E F R S J H
```

| | |
|---|---|
| ARÔME | ORIGINE |
| TASSE | PRIX |
| AMER | CRÈME |
| CAFÉINE | SAVEUR |
| BOISSON | SUCRE |
| FILTRE | VARIÉTÉ |
| RÔTI | LIQUIDE |
| MOUDRE | EAU |
| LAIT | ACIDE |
| MATIN | NOIR |

# 88 - Schaken

```
D A P P R E N D R E M A P I
S I S T R A T É G I E Z O N
I A A R S Z A X G O C M I T
F Z C G C I N S Z R I O N E
É B N R O T O U R N O I T L
D W A E I N J O U E U R S L
C O L U X F A I E F L V P I
P H B M F C I L J O P F M G
A R A I Q F B C F A L P E E
S È R M S N R G E W X N T N
S G E P P C O N C O U R S T
I L I E R I A S R E V D A R
F E N V N N O V W D M H T Z
M S E M D V B N Z I R T U I
```

DIAGONAL
CHAMPION
ROI
REINE
APPRENDRE
SACRIFICE
PASSIF
POINTS
RÈGLES
INTELLIGENT

JEU
JOUEUR
STRATÉGIE
ADVERSAIRE
TEMPS
TOURNOI
DÉFIS
CONCOURS
BLANC
NOIR

# 89 - Boerderij #1

```
V U A E P U O R T C U W R K
T A H C J I P X L O J L S P
C E C Y I Q P F P R S V Z P
L V N H L H T N Y B H T E W
Ô W N B E N Â E Q E R K U N
T M M S I I X I L A V E H C
U V D J M O E H F U Q G V C
R A X R A F R C Y V O V G H
E R U T L U C I R G A P F È
E C H A M P A B E I L L E V
A K E I K D F B J U F R W R
U T R A Z Z M Y Z V O Y N E
E N G R A I S E N I A R G Y
Z M M B Y I R Z L Z D O W E
```

ABEILLE
ÂNE
CHÈVRE
CLÔTURE
CHIEN
MIEL
FOIN
VEAU
CHAT
POULET
VACHE
CORBEAU
TROUPEAU
AGRICULTURE
ENGRAIS
CHEVAL
RIZ
CHAMP
EAU
GRAINES

# 90 - Huis

```
D L B P O R T E R U T Ô L C
V O O B B Y T B L T R Q W Z
Q S U K Q L T K Q Y B P P M
Z S C C W X F C U I S I N E
E U Q È H T O I L B I B I F
R O E Y R E L D G H P D L E
B S P M E E C A B E A C K C
M E L O I A L A B J T J K H
A L A Q N R E I L A C S E E
H B F G E S O J A R D I N M
C U O M R S T I L A M P E I
P E N U G P N O R Q A B Y N
X M D R Q B J R I M J T G É
G A R A G E P A N T M Z M E
```

BALAI
BIBLIOTHÈQUE
TOIT
PORTE
DOUCHE
GARAGE
CHEMINÉE
CLÔTURE
CHAMBRE
SOUS-SOL

CUISINE
LAMPE
MEUBLES
MUR
PLAFOND
MIROIR
TAPIS
ESCALIER
JARDIN
GRENIER

# 91 - Geometrie

```
V E I R T É M Y S E G M C H
E P T U N Q N É D U V A E O
R A R E E U D C D Q Q S R R
T R I T M A I A P I T S C I
I A A U G T A R X G A E L Z
C L N A E I M R N O F N E O
A L G H S O È É F L M B E N
L È L S Y N T E I R O É H T
K L E T I B R C P I G L A A
W E F B L Q E F A P K A N L
D I M E N S I O N L D J G U
C O U R B E B T V D C E L I
S U R F A C E O V W I U E Q
C F L V E O S L V Z L X L B
```

CALCUL
CERCLE
COURBE
DIAMÈTRE
DIMENSION
TRIANGLE
ANGLE
HAUTEUR
HORIZONTAL
LOGIQUE

MASSE
MÉDIAN
SURFACE
PARALLÈLE
SEGMENT
SYMÉTRIE
THÉORIE
ÉQUATION
VERTICAL
CARRÉ

# 92 - Jazz

```
I T I Q A S G N D A P I J Y
Q N X B R E M O R C N U S X
C O F J T R R U X C K C O D
É S C L K T L V D E N C Q F
L N O A U S X E R N E G F S
È A N L Q E I A X T A K J I
B H C B I H N U E M H T Y R
R C E U Q C E C X E W N G O
E P R M Y R U F E P P Z Y V
P Q T V G O Q E T S I T R A
I M P R O V I S A T I O N F
U N O I T I S O P M O C F E
I E S V I E U X T A L E N T
C T A S J J M U S T Y L E X
```

ALBUM
ARTISTE
CÉLÈBRE
CONCERT
FAVORIS
GENRE
IMPROVISATION
INFLUENCES
CHANSON

MUSIQUE
ACCENT
NOUVEAU
ORCHESTRE
VIEUX
RYTHME
COMPOSITION
STYLE
TALENT

# 93 - Getallen

```
X N K Z N V N O G H C B W D
T R L D J D J P P E S E F I
S I O R T Q E C Q H S I J X
E Z E M P U Z U P S U S I H
I F P U E A R G X I D I Y U
Z K T R S T O Y V S Z W T I
E G Z M X R T P E S I H G T
I S O I I E A L Z P S Q N W
F Y G V D F U E N É W F I C
T R E I Z E Q X I S R Z V O
Y Q J Q R Z T N U Q F O N L
C A W U L U F O Q N I C W R
N C S L W O V X C T A E B F
D Y J T O D I X N E U F S T
```

| | |
|---|---|
| HUIT | DEUX |
| DIX-HUIT | VINGT |
| TREIZE | QUATORZE |
| TROIS | QUATRE |
| UN | CINQ |
| NEUF | QUINZE |
| DIX-NEUF | SIX |
| ZÉRO | SEIZE |
| DIX | SEPT |
| DOUZE | DIX-SEPT |

# 94 - Boksen

```
C O R P S L D Z N I C D B S
A R B I T R E I O T O Z R E
R S N F N D T I T L U R J R
C O M B A T T A N T P L H U
K P S R G V W S S I B Y A S
A D V E R S A I R E O W A S
P É P C B E O Z C L O C H E
O P O O R D T F O R C E I L
I U I U M R Q O Q Y O E P B
N I N D N O T N E M J W V S
T S G E E C N E T É P M O C
S É R É C U P É R A T I O N
R A P I D E A N Y H B U B J
T G F C O N C E N T R E R Q
```

| | |
|---|---|
| COUDE | ARBITRE |
| CONCENTRER | COUP |
| GANTS | RAPIDE |
| RÉCUPÉRATION | ADVERSAIRE |
| COIN | CORDES |
| MENTON | ÉPUISÉ |
| CLOCHE | COMPÉTENCE |
| FORCE | COMBATTANT |
| CORPS | BLESSURES |
| POINTS | POING |

# 95 - Boerderij #2

```
P Y A U T I A L L Q U B T S
B T O U D R A N A C C J L U
P O R G E R U E T C A R T É
M R K Z I I I Z M L A M A F
O U É V H G R V K O O M D R
U E A S Ï A M E H C U R D U
L T N O T T Q R L Y M T S I
I L I C O I R G B I R A O T
N U M R V O B E M U G É L N
À C A E G N A R G A L A P I
V I U G H B B Z L E Y O B Z
E R X R K T L O P N I Y E H
N G Z E J L G E Q G R A Q V
T A S B Q R R Z P A Z W B W
```

| | |
|---|---|
| RUCHE | AGNEAU |
| AGRICULTEUR | LAMA |
| VERGER | MAÏS |
| ANIMAUX | LAIT |
| CANARD | MOUTON |
| FRUIT | GRANGE |
| ORGE | BLÉ |
| LÉGUME | TRACTEUR |
| BERGER | PRÉ |
| IRRIGATION | MOULIN À VENT |

# 96 - Psychologie

```
C O G N I T I O N J E É E C
E N O I T P E C R E P V N O
Z G G A E S L D Ê S D A F N
V W O D U M Q M V K V L A F
V G A V Q H H R E C D U N L
É M O T I O N S S R E A C I
I N C O N S C I E N T T E T
R H X C I Y K P Y Z O I Z S
S É T I L A É R E E S O X N
T M K S C A T A I N Q N W T
R E N D E Z V O U S S N C P
S E N S A T I O N F N É E K
T Z É T I L A N N O S R E P
W H E X P É R I E N C E S S
```

RENDEZ-VOUS
ÉVALUATION
INCONSCIENT
COGNITION
CONFLIT
RÊVES
EGO
ÉMOTIONS

EXPÉRIENCES
PENSÉES
SENSATION
ENFANCE
CLINIQUE
PERCEPTION
PERSONNALITÉ
RÉALITÉ

# 97 - Zakelijk

```
B A U A É D R K A E Q E X T
U R S Z C F É T W S P C Z R
D G I C O W D R R I D N P A
G E N E N Z U B U R E A U N
E N E X O T C L E P R N P S
T T É G M K T P Y E È I A A
W T Y D I E I F O R I F T C
T Û O C E S O N L T R V R T
T R L R E E N E P N R L O I
I M P Ô T S E O M E A X N O
F A M G N I B J E X C M I N
O K E Q E V R E V E N U I X
R L Q E V E U Q I T U O B H
P G R W X D Z C T X V J W X
```

PATRON
ENTREPRISE
BUDGET
IMPÔTS
CARRIÈRE
ÉCONOMIE
USINE
FINANCE
ARGENT
REVENU

BUREAU
RÉDUCTION
COÛT
TRANSACTION
DEVISE
VENTE
EMPLOYEUR
EMPLOYÉ
BOUTIQUE
PROFIT

# 98 - Voeding

```
F V I T A M I N E J A M E R
N E P R O T É I N E S P D E
W T R G M R U U C E O I C
E È K M E N L E V U D I G A
U I U K E L R N U A I D E L
S D K A T N I A S S C S S O
E A Z C F É T I L A U Q T R
D S V Y A L V A W N L O I I
I J A E N I X O T T G G O E
U S E N U R K U H I W B N S
Q D R C T R N A V K O N W X
I P N T B É N R W E A N Y G
L A P P É T I T F C F N I O
É Q U I L I B R É R A I A J
```

AMER
CALORIES
DIÈTE
APPÉTIT
PROTÉINES
ÉQUILIBRÉ
FERMENTATION
POIDS
SAIN

SANTÉ
GLUCIDES
QUALITÉ
SAUCE
SAVEUR
DIGESTION
TOXINE
VITAMINE
LIQUIDES

# 99 - Chemie

```
M É T A U X D J T N M G C O
É H I O N O I T C A É R H R
L Y E D I C A J V E R I L G
E D D I L A E N È G Y X O A
C R I S A T D P O I D S R N
T O U Y C A G A Z T M E E I
R G Q U L L E S A Q Y N N Q
O È I A A Y S L T E K Z O U
N N L V P S W P U H F Y B E
N E C R U E L A H C V M R A
D M S K I U U V H T É E A S
E R U T A R É P M E T L C B
P Y Y O O D L V J K A S O B
I B V F E L P O T U M A P M
```

ALCALIN
CHLORE
ÉLECTRON
ENZYME
GAZ
POIDS
ION
CATALYSEUR
CARBONE
MÉTAUX

MOLÉCULE
ORGANIQUE
RÉACTION
TEMPÉRATURE
LIQUIDE
CHALEUR
HYDROGÈNE
SEL
ACIDE
OXYGÈNE

## 1 - Metingen
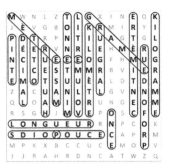

## 2 - Keuken
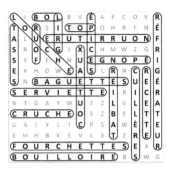

## 3 - Boten
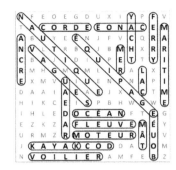

## 4 - Chocolade
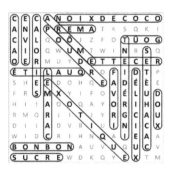

## 5 - Gezondheid en Welzijn #2
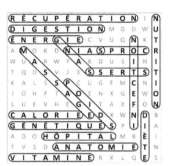

## 6 - Tijd
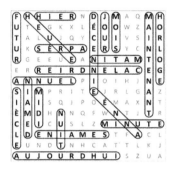

## 7 - Meditatie
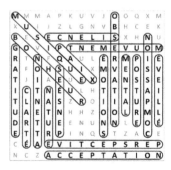

## 8 - Muziek
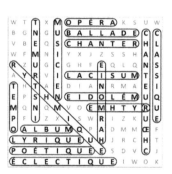

## 9 - Vogels
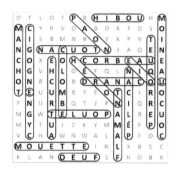

## 10 - Universum
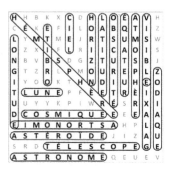

## 11 - Wiskunde
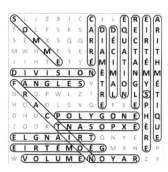

## 12 - Gezondheid en Welzijn #1
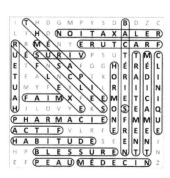

### 13 - Camping

### 14 - Algebra

### 15 - Activiteiten

### 16 - Vormen

### 17 - Diplomatie

### 18 - Astronomie

### 19 - Emoties

### 20 - Vakantie #2

### 21 - Eten #2

### 22 - Geologie

### 23 - Specerijen

### 24 - Groenten

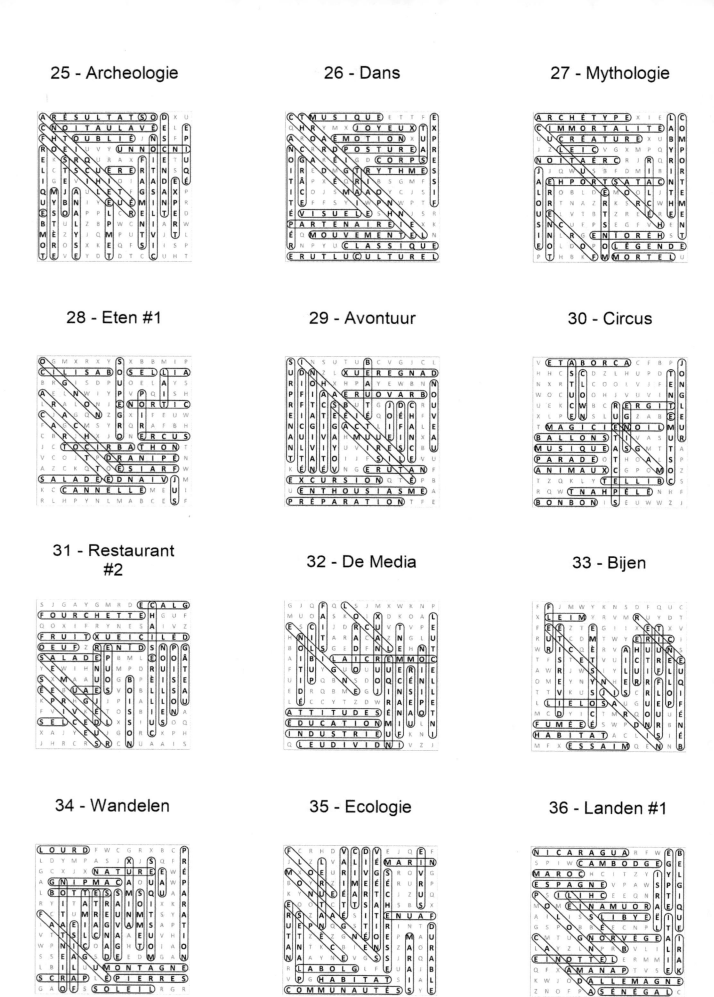

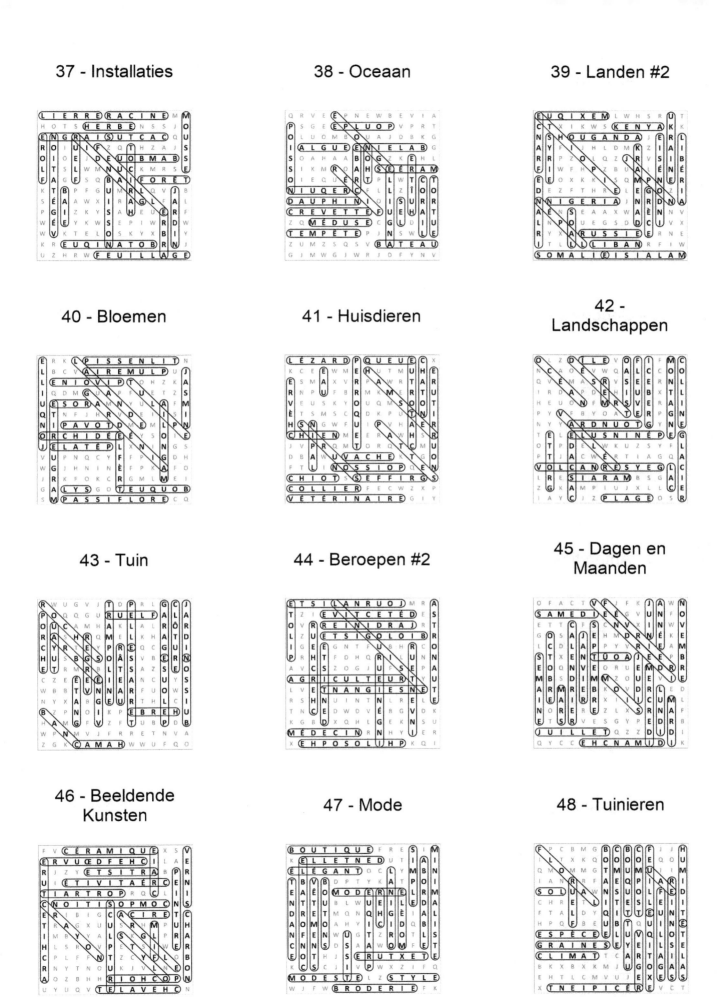

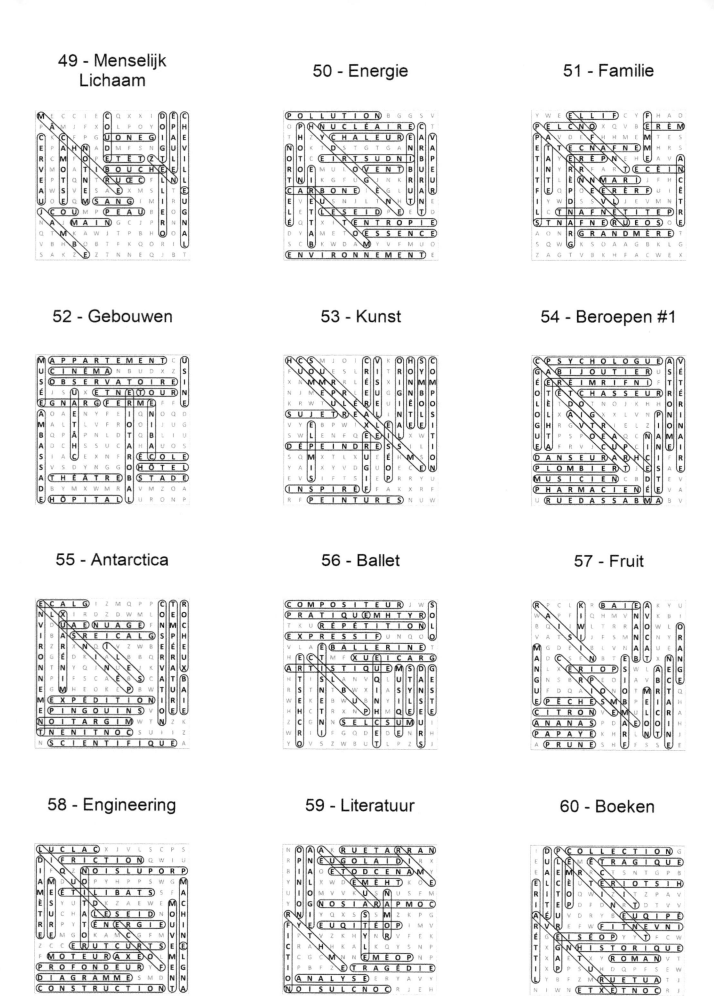

## 61 - Meer Informatie

## 62 - Regenwoud

## 63 - Haartypes

## 64 - Stad

## 65 - Creativiteit

## 66 - Natuur

## 67 - Zoogdieren

## 68 - Overheid

## 69 - Voertuigen

## 70 - Geografie

## 71 - Kunstbenodigdhe

## 72 - Barbecues

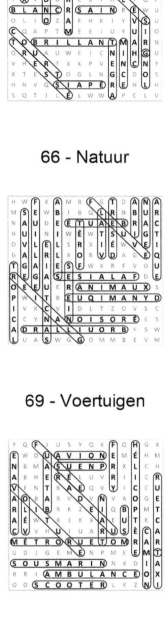
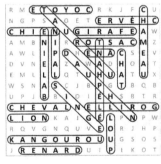

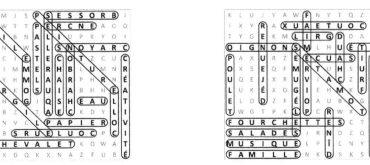

### 73 - Schoonheid

### 74 - Wetenschappelijk

### 75 - Bijvoeglijke Naamwoorden

### 76 - Kleding

### 77 - Vliegtuigen

### 78 - Herbalisme

### 79 - Kracht en Zwaartekracht

### 80 - Rijden

### 81 - Wetenschap

### 82 - Natuurkunde

### 83 - Muziekinstrument

### 84 - Antiek

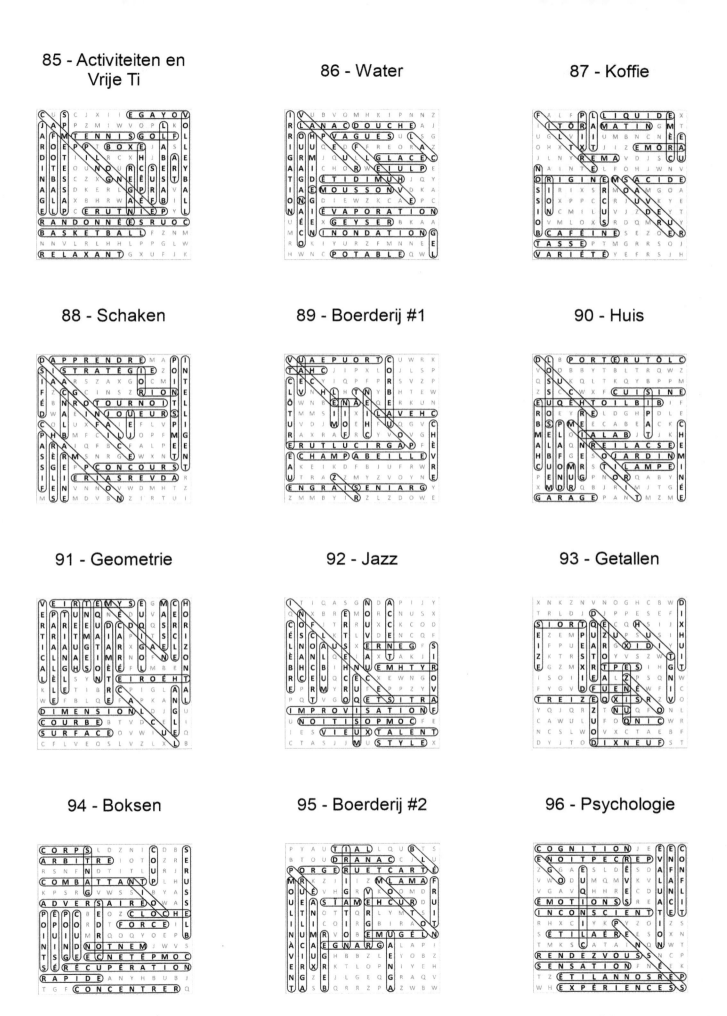

## 97 - Zakelijk

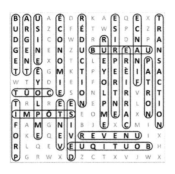

## 98 - Voeding

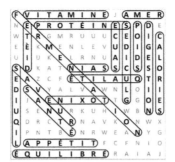

## 99 - Chemie

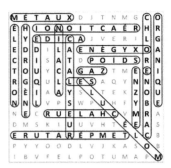

# Woordenboek

## Activiteiten
### Activités

| | |
|---|---|
| **Activiteit** | Activité |
| **Ambachten** | Artisanat |
| **Dansen** | Danse |
| **Fotografie** | Photographie |
| **Hengelsport** | Pêche |
| **Jacht** | Chasse |
| **Kamperen** | Camping |
| **Keramiek** | Céramique |
| **Kunst** | Art |
| **Lezen** | Lecture |
| **Magie** | Magie |
| **Naaien** | Couture |
| **Ontspanning** | Relaxation |
| **Plezier** | Plaisir |
| **Puzzels** | Puzzles |
| **Schilderij** | Peinture |
| **Tuinieren** | Jardinage |
| **Vaardigheid** | Compétence |
| **Vrije Tijd** | Loisir |
| **Wandelen** | Randonnée |

## Activiteiten en Vrije Ti
### Activités et Loisirs

| | |
|---|---|
| **Basketbal** | Basket-Ball |
| **Boksen** | Boxe |
| **Duiken** | Plongée |
| **Golf** | Golf |
| **Hengelsport** | Pêche |
| **Hobby** | Passe-Temps |
| **Honkbal** | Base-Ball |
| **Kamperen** | Camping |
| **Kunst** | Art |
| **Ontspannen** | Relaxant |
| **Racen** | Course |
| **Reis** | Voyage |
| **Schilderij** | Peinture |
| **Surfen** | Surf |
| **Tennis** | Tennis |
| **Tuinieren** | Jardinage |
| **Voetbal** | Football |
| **Volleybal** | Volley-Ball |
| **Wandelen** | Randonnée |
| **Zwemmen** | Nager |

## Algebra
### Algèbre

| | |
|---|---|
| **Aftrekken** | Soustraction |
| **Diagram** | Diagramme |
| **Exponent** | Exposant |
| **Factor** | Facteur |
| **Formule** | Formule |
| **Fractie** | Fraction |
| **Grafiek** | Graphique |
| **Haakje** | Parenthèse |
| **Hoeveelheid** | Quantité |
| **Lineair** | Linéaire |
| **Matrix** | Matrice |
| **Nul** | Zéro |
| **Oneindig** | Infini |
| **Oplossing** | Solution |
| **Probleem** | Problème |
| **Som** | Somme |
| **Vals** | Faux |
| **Variabele** | Variable |
| **Vereenvoudigen** | Simplifier |
| **Vergelijking** | Équation |

## Antarctica
### Antarctique

| | |
|---|---|
| **Baai** | Baie |
| **Behoud** | Conservation |
| **Continent** | Continent |
| **Eilanden** | Îles |
| **Expeditie** | Expédition |
| **Geografie** | Géographie |
| **Gletsjers** | Glaciers |
| **Ijs** | Glace |
| **Migratie** | Migration |
| **Mineralen** | Minéraux |
| **Omgeving** | Environnement |
| **Onderzoeker** | Chercheur |
| **Pinguïn** | Pingouins |
| **Rotsachtig** | Rocheux |
| **Schiereiland** | Péninsule |
| **Temperatuur** | Température |
| **Topografie** | Topographie |
| **Water** | Eau |
| **Wetenschappelijk** | Scientifique |
| **Wolken** | Nuage |

## Antiek
### Antiquités

| | |
|---|---|
| **Authentiek** | Authentique |
| **Beeldhouwwerk** | Sculpture |
| **Decoratief** | Décoratif |
| **Eeuw** | Siècle |
| **Elegant** | Élégant |
| **Galerij** | Galerie |
| **Item** | Article |
| **Kunst** | Art |
| **Kwaliteit** | Qualité |
| **Liefhebber** | Passionné |
| **Meubilair** | Meubles |
| **Munten** | Pièces |
| **Ongewoon** | Inhabituel |
| **Oud** | Vieux |
| **Prijs** | Prix |
| **Restauratie** | Restauration |
| **Schilderijen** | Peintures |
| **Stijl** | Style |
| **Veiling** | Enchères |
| **Waarde** | Valeur |

## Archeologie
### Archéologie

| | |
|---|---|
| **Analyse** | Analyse |
| **Beschaving** | Civilisation |
| **Bevindingen** | Résultats |
| **Botten** | Os |
| **Deskundige** | Expert |
| **Evaluatie** | Évaluation |
| **Fossiel** | Fossile |
| **Fragmenten** | Fragments |
| **Graf** | Tombe |
| **Mysterie** | Mystère |
| **Nakomeling** | Descendant |
| **Objecten** | Objets |
| **Onbekend** | Inconnu |
| **Onderzoeker** | Chercheur |
| **Oudheid** | Antiquité |
| **Relikwie** | Relique |
| **Team** | Équipe |
| **Tempel** | Temple |
| **Tijdperk** | Ère |
| **Vergeten** | Oublié |

## Astronomie
### Astronomie

| | |
|---|---|
| **Aarde** | Terre |
| **Asteroïde** | Astéroïde |
| **Astronaut** | Astronaute |
| **Astronoom** | Astronome |
| **Equinox** | Équinoxe |
| **Komeet** | Comète |
| **Kosmos** | Cosmos |
| **Maan** | Lune |
| **Meteoor** | Météore |
| **Nevel** | Nébuleuse |
| **Observatorium** | Observatoire |
| **Planeet** | Planète |
| **Raket** | Fusée |
| **Satelliet** | Satellite |
| **Ster** | Étoile |
| **Sterrenbeeld** | Constellation |
| **Straling** | Radiation |
| **Telescoop** | Télescope |
| **Universum** | Univers |
| **Zwaartekracht** | Gravité |

## Avontuur
### Aventure

| | |
|---|---|
| **Activiteit** | Activité |
| **Bestemming** | Destination |
| **Enthousiasme** | Enthousiasme |
| **Excursie** | Excursion |
| **Gevaarlijk** | Dangereux |
| **Kans** | Chance |
| **Moed** | Bravoure |
| **Moeilijkheid** | Difficulté |
| **Natuur** | Nature |
| **Navigatie** | Navigation |
| **Nieuw** | Nouveau |
| **Ongewoon** | Inhabituel |
| **Reizen** | Voyages |
| **Schoonheid** | Beauté |
| **Uitdagingen** | Défis |
| **Veiligheid** | Sécurité |
| **Verrassend** | Surprenant |
| **Voorbereiding** | Préparation |
| **Vreugde** | Joie |
| **Vrienden** | Amis |

## Ballet
### Ballet

| | |
|---|---|
| **Artistiek** | Artistique |
| **Ballerina** | Ballerine |
| **Choreografie** | Chorégraphie |
| **Componist** | Compositeur |
| **Dansers** | Danseurs |
| **Expressief** | Expressif |
| **Gebaar** | Geste |
| **Intensiteit** | Intensité |
| **Muziek** | Musique |
| **Orkest** | Orchestre |
| **Praktijk** | Pratique |
| **Publiek** | Public |
| **Repetitie** | Répétition |
| **Ritme** | Rythme |
| **Sierlijk** | Gracieux |
| **Solo** | Solo |
| **Spieren** | Muscles |
| **Stijl** | Style |
| **Techniek** | Technique |
| **Vaardigheid** | Compétence |

## Barbecues
### Barbecues

| | |
|---|---|
| **Diner** | Dîner |
| **Familie** | Famille |
| **Fruit** | Fruit |
| **Grill** | Gril |
| **Groente** | Légumes |
| **Heet** | Chaud |
| **Honger** | Faim |
| **Kip** | Poulet |
| **Lunch** | Déjeuner |
| **Messen** | Couteaux |
| **Muziek** | Musique |
| **Peper** | Poivre |
| **Salades** | Salades |
| **Saus** | Sauce |
| **Tomaten** | Tomates |
| **Uien** | Oignons |
| **Uitnodiging** | Invitation |
| **Vorken** | Fourchettes |
| **Zomer** | Été |
| **Zout** | Sel |

## Beeldende Kunsten
### Arts Visuels

| | |
|---|---|
| **Architectuur** | Architecture |
| **Artiest** | Artiste |
| **Beeldhouwwerk** | Sculpture |
| **Creativiteit** | Créativité |
| **Ezel** | Chevalet |
| **Film** | Film |
| **Houtskool** | Charbon |
| **Keramiek** | Céramique |
| **Klei** | Argile |
| **Krijt** | Craie |
| **Meesterwerk** | Chef-D'Œuvre |
| **Pen** | Stylo |
| **Perspectief** | Perspective |
| **Portret** | Portrait |
| **Potlood** | Crayon |
| **Samenstelling** | Composition |
| **Schilderij** | Peinture |
| **Stencil** | Pochoir |
| **Vernis** | Vernis |
| **Was** | Cire |

## Beroepen #1
### Professions #1

| | |
|---|---|
| **Advocaat** | Avocat |
| **Ambassadeur** | Ambassadeur |
| **Apotheker** | Pharmacien |
| **Astronoom** | Astronome |
| **Atleet** | Athlète |
| **Bankier** | Banquier |
| **Cartograaf** | Cartographe |
| **Danser** | Danseur |
| **Dierenarts** | Vétérinaire |
| **Dokter** | Médecin |
| **Editor** | Éditeur |
| **Geoloog** | Géologue |
| **Jager** | Chasseur |
| **Juwelier** | Bijoutier |
| **Loodgieter** | Plombier |
| **Muzikant** | Musicien |
| **Pianist** | Pianiste |
| **Psycholoog** | Psychologue |
| **Verpleegster** | Infirmière |
| **Wetenschapper** | Scientifique |

## Beroepen #2
### Professions #2

| | |
|---|---|
| Arts | Médecin |
| Astronaut | Astronaute |
| Bioloog | Biologiste |
| Boer | Agriculteur |
| Chirurg | Chirurgien |
| Detective | Détective |
| Filosoof | Philosophe |
| Fotograaf | Photographe |
| Illustrator | Illustrateur |
| Ingenieur | Ingénieur |
| Journalist | Journaliste |
| Leraar | Enseignant |
| Linguïst | Linguiste |
| Onderzoeker | Chercheur |
| Piloot | Pilote |
| Schilder | Peintre |
| Tandarts | Dentiste |
| Tuinman | Jardinier |
| Uitvinder | Inventeur |
| Zoöloog | Zoologiste |

## Bijen
### Les Abeilles

| | |
|---|---|
| Bestuiver | Pollinisateur |
| Bijenkorf | Ruche |
| Bloemen | Fleurs |
| Bloesem | Fleur |
| Diversiteit | Diversité |
| Ecosysteem | Écosystème |
| Fruit | Fruit |
| Habitat | Habitat |
| Honing | Miel |
| Insect | Insecte |
| Koningin | Reine |
| Rook | Fumée |
| Stuifmeel | Pollen |
| Tuin | Jardin |
| Vleugels | Ailes |
| Voedsel | Nourriture |
| Voordelig | Bénéfique |
| Was | Cire |
| Zon | Soleil |
| Zwerm | Essaim |

## Bijvoeglijke Naamwoorden
### Adjectifs #1

| | |
|---|---|
| Aantrekkelijk | Attractif |
| Actief | Actif |
| Ambitieus | Ambitieux |
| Aromatisch | Aromatique |
| Artistiek | Artistique |
| Belangrijk | Important |
| Diep | Profond |
| Donker | Foncé |
| Dun | Mince |
| Eerlijk | Honnête |
| Exotisch | Exotique |
| Identiek | Identique |
| Jong | Jeune |
| Lang | Long |
| Langzaam | Lent |
| Modern | Moderne |
| Onschuldig | Innocent |
| Perfect | Parfait |
| Waardevol | Précieux |
| Zwaar | Lourd |

## Bijvoeglijke Naamwoorden
### Adjectifs #2

| | |
|---|---|
| Authentiek | Authentique |
| Begaafd | Doué |
| Beschrijvend | Descriptif |
| Creatief | Créatif |
| Dramatisch | Dramatique |
| Gezond | Sain |
| Hongerig | Faim |
| Interessant | Intéressant |
| Moe | Fatigué |
| Natuurlijk | Naturel |
| Nieuw | Nouveau |
| Normaal | Normal |
| Productief | Productif |
| Slaperig | Somnolent |
| Sterk | Fort |
| Trots | Fier |
| Verantwoordelijk | Responsable |
| Wild | Sauvage |
| Zout | Salé |
| Zuiver | Pur |

## Bloemen
### Fleurs

| | |
|---|---|
| Bloemblad | Pétale |
| Boeket | Bouquet |
| Gardenia | Gardénia |
| Hibiscus | Hibiscus |
| Jasmijn | Jasmin |
| Klaver | Trèfle |
| Lavendel | Lavande |
| Lelie | Lys |
| Madeliefje | Marguerite |
| Magnolia | Magnolia |
| Narcis | Jonquille |
| Orchidee | Orchidée |
| Paardebloem | Pissenlit |
| Papaver | Pavot |
| Passiebloem | Passiflore |
| Pioenroos | Pivoine |
| Plumeria | Plumeria |
| Roos | Rose |
| Tulp | Tulipe |
| Zonnebloem | Tournesol |

## Boeken
### Livres

| | |
|---|---|
| Auteur | Auteur |
| Avontuur | Aventure |
| Bladzijde | Page |
| Collectie | Collection |
| Context | Contexte |
| Dualiteit | Dualité |
| Episch | Épique |
| Gedicht | Poème |
| Geschreven | Écrit |
| Historisch | Historique |
| Humoristisch | Humoristique |
| Inventief | Inventif |
| Lezer | Lecteur |
| Literair | Littéraire |
| Poëzie | Poésie |
| Relevant | Pertinent |
| Roman | Roman |
| Tragisch | Tragique |
| Verhaal | Histoire |
| Verteller | Narrateur |

## Boerderij #1
### Ferme #1

| | |
|---|---|
| **Bij** | Abeille |
| **Ezel** | Âne |
| **Geit** | Chèvre |
| **Hek** | Clôture |
| **Hond** | Chien |
| **Honing** | Miel |
| **Hooi** | Foin |
| **Kalf** | Veau |
| **Kat** | Chat |
| **Kip** | Poulet |
| **Koe** | Vache |
| **Kraai** | Corbeau |
| **Kudde** | Troupeau |
| **Landbouw** | Agriculture |
| **Mest** | Engrais |
| **Paard** | Cheval |
| **Rijst** | Riz |
| **Veld** | Champ |
| **Water** | Eau |
| **Zaden** | Graines |

## Boerderij #2
### Ferme #2

| | |
|---|---|
| **Bijenkorf** | Ruche |
| **Boer** | Agriculteur |
| **Boomgaard** | Verger |
| **Dieren** | Animaux |
| **Eend** | Canard |
| **Fruit** | Fruit |
| **Gerst** | Orge |
| **Groente** | Légume |
| **Herder** | Berger |
| **Irrigatie** | Irrigation |
| **Lam** | Agneau |
| **Lama** | Lama |
| **Maïs** | Maïs |
| **Melk** | Lait |
| **Schaap** | Mouton |
| **Schuur** | Grange |
| **Tarwe** | Blé |
| **Tractor** | Tracteur |
| **Weide** | Pré |
| **Windmolen** | Moulin à Vent |

## Boksen
### Boxe

| | |
|---|---|
| **Elleboog** | Coude |
| **Focus** | Concentrer |
| **Handschoenen** | Gants |
| **Herstel** | Récupération |
| **Hoek** | Coin |
| **Kin** | Menton |
| **Klok** | Cloche |
| **Kracht** | Force |
| **Lichaam** | Corps |
| **Punten** | Points |
| **Scheidsrechter** | Arbitre |
| **Schoppen** | Coup |
| **Snel** | Rapide |
| **Tegenstander** | Adversaire |
| **Touwen** | Cordes |
| **Uitgeput** | Épuisé |
| **Vaardigheid** | Compétence |
| **Vechter** | Combattant |
| **Verwondingen** | Blessures |
| **Vuist** | Poing |

## Boten
### Bateaux

| | |
|---|---|
| **Anker** | Ancre |
| **Bemanning** | Équipage |
| **Boei** | Bouée |
| **Dok** | Dock |
| **Golven** | Vagues |
| **Jacht** | Yacht |
| **Kajak** | Kayak |
| **Kano** | Canoë |
| **Maritiem** | Maritime |
| **Mast** | Mât |
| **Meer** | Lac |
| **Motor** | Moteur |
| **Nautisch** | Nautique |
| **Oceaan** | Océan |
| **Rivier** | Fleuve |
| **Touw** | Corde |
| **Veerboot** | Ferry |
| **Vlot** | Radeau |
| **Zee** | Mer |
| **Zeilboot** | Voilier |

## Camping
### Camping

| | |
|---|---|
| **Avontuur** | Aventure |
| **Berg** | Montagne |
| **Bomen** | Arbres |
| **Bos** | Forêt |
| **Brand** | Feu |
| **Cabine** | Cabine |
| **Dieren** | Animaux |
| **Hangmat** | Hamac |
| **Hoed** | Chapeau |
| **Insect** | Insecte |
| **Jacht** | Chasse |
| **Kaart** | Carte |
| **Kano** | Canoë |
| **Kompas** | Boussole |
| **Lantaarn** | Lanterne |
| **Maan** | Lune |
| **Meer** | Lac |
| **Natuur** | Nature |
| **Tent** | Tente |
| **Touw** | Corde |

## Chemie
### Chimie

| | |
|---|---|
| **Alkalisch** | Alcalin |
| **Chloor** | Chlore |
| **Elektron** | Électron |
| **Enzym** | Enzyme |
| **Gas** | Gaz |
| **Gewicht** | Poids |
| **Ion** | Ion |
| **Katalysator** | Catalyseur |
| **Koolstof** | Carbone |
| **Metalen** | Métaux |
| **Molecuul** | Molécule |
| **Organisch** | Organique |
| **Reactie** | Réaction |
| **Temperatuur** | Température |
| **Vloeistof** | Liquide |
| **Warmte** | Chaleur |
| **Waterstof** | Hydrogène |
| **Zout** | Sel |
| **Zuur** | Acide |
| **Zuurstof** | Oxygène |

## Chocolade
### Chocolat

| | |
|---|---|
| **Antioxidant** | Antioxydant |
| **Aroma** | Arôme |
| **Bitter** | Amer |
| **Cacao** | Cacao |
| **Calorieën** | Calories |
| **Exotisch** | Exotique |
| **Favoriet** | Favori |
| **Heerlijk** | Délicieux |
| **Ingrediënt** | Ingrédient |
| **Karamel** | Caramel |
| **Kokosnoot** | Noix de Coco |
| **Kwaliteit** | Qualité |
| **Pinda'S** | Cacahuètes |
| **Poeder** | Poudre |
| **Recept** | Recette |
| **Smaak** | Goût |
| **Snoep** | Bonbon |
| **Suiker** | Sucre |
| **Verlangen** | Envie |
| **Zoet** | Doux |

## Circus
### Cirque

| | |
|---|---|
| **Aap** | Singe |
| **Acrobaat** | Acrobate |
| **Ballonnen** | Ballons |
| **Clown** | Clown |
| **Dieren** | Animaux |
| **Goochelaar** | Magicien |
| **Jongleur** | Jongleur |
| **Kaartje** | Billet |
| **Kostuum** | Costume |
| **Leeuw** | Lion |
| **Magie** | Magie |
| **Muziek** | Musique |
| **Olifant** | Éléphant |
| **Parade** | Parade |
| **Snoep** | Bonbon |
| **Tent** | Tente |
| **Tijger** | Tigre |
| **Toeschouwer** | Spectateur |
| **Truc** | Astuce |
| **Vermaken** | Divertir |

## Creativiteit
### Créativité

| | |
|---|---|
| **Artistiek** | Artistique |
| **Beeld** | Image |
| **Dramatisch** | Dramatique |
| **Echtheid** | Authenticité |
| **Emoties** | Émotions |
| **Gevoel** | Sensation |
| **Gevoelens** | Sentiments |
| **Helderheid** | Clarté |
| **Indruk** | Impression |
| **Inspiratie** | Inspiration |
| **Intensiteit** | Intensité |
| **Intuïtie** | Intuition |
| **Inventief** | Inventif |
| **Spontaan** | Spontané |
| **Uitdrukking** | Expression |
| **Vaardigheid** | Compétence |
| **Verbeelding** | Imagination |
| **Visioenen** | Visions |
| **Vitaliteit** | Vitalité |
| **Vloeibaarheid** | Fluidité |

## Dagen en Maanden
### Jours et Mois

| | |
|---|---|
| **Augustus** | Août |
| **Dinsdag** | Mardi |
| **Donderdag** | Jeudi |
| **Februari** | Février |
| **Jaar** | Année |
| **Januari** | Janvier |
| **Juli** | Juillet |
| **Juni** | Juin |
| **Kalender** | Calendrier |
| **Maand** | Mois |
| **Maandag** | Lundi |
| **Maart** | Mars |
| **November** | Novembre |
| **Oktober** | Octobre |
| **September** | Septembre |
| **Vrijdag** | Vendredi |
| **Week** | Semaine |
| **Woensdag** | Mercredi |
| **Zaterdag** | Samedi |
| **Zondag** | Dimanche |

## Dans
### Danse

| | |
|---|---|
| **Academie** | Académie |
| **Beweging** | Mouvement |
| **Blij** | Joyeux |
| **Choreografie** | Chorégraphie |
| **Cultureel** | Culturel |
| **Cultuur** | Culture |
| **Emotie** | Émotion |
| **Expressief** | Expressif |
| **Genade** | Grâce |
| **Houding** | Posture |
| **Klassiek** | Classique |
| **Kunst** | Art |
| **Lichaam** | Corps |
| **Muziek** | Musique |
| **Partner** | Partenaire |
| **Repetitie** | Répétition |
| **Ritme** | Rythme |
| **Springen** | Saut |
| **Traditioneel** | Traditionnel |
| **Visueel** | Visuel |

## De Media
### Les Médias

| | |
|---|---|
| **Commercieel** | Commercial |
| **Communicatie** | Communication |
| **Digitaal** | Numérique |
| **Editie** | Édition |
| **Feiten** | Faits |
| **Financiering** | Financement |
| **Houding** | Attitudes |
| **Individueel** | Individuel |
| **Industrie** | Industrie |
| **Intellectueel** | Intellectuel |
| **Kranten** | Journaux |
| **Lokaal** | Local |
| **Mening** | Opinion |
| **Netwerk** | Réseau |
| **Onderwijs** | Éducation |
| **Online** | En Ligne |
| **Publiek** | Public |
| **Radio** | Radio |
| **Televisie** | Télévision |
| **Tijdschriften** | Magazines |

## Diplomatie
### Diplomatie

| | |
|---|---|
| **Adviseur** | Conseiller |
| **Ambassade** | Ambassade |
| **Ambassadeur** | Ambassadeur |
| **Burgers** | Citoyens |
| **Conflict** | Conflit |
| **Diplomatiek** | Diplomatique |
| **Discussie** | Discussion |
| **Ethiek** | Éthique |
| **Gemeenschap** | Communauté |
| **Gerechtigheid** | Justice |
| **Humanitair** | Humanitaire |
| **Integriteit** | Intégrité |
| **Oplossing** | Solution |
| **Politiek** | Politique |
| **Regering** | Gouvernement |
| **Resolutie** | Résolution |
| **Samenwerking** | Coopération |
| **Talen** | Langues |
| **Veiligheid** | Sécurité |
| **Verdrag** | Traité |

## Ecologie
### Écologie

| | |
|---|---|
| **Bergen** | Montagnes |
| **Diversiteit** | Diversité |
| **Droogte** | Sécheresse |
| **Duurzaam** | Durable |
| **Fauna** | Faune |
| **Flora** | Flore |
| **Gemeenschappen** | Communautés |
| **Globaal** | Global |
| **Habitat** | Habitat |
| **Klimaat** | Climat |
| **Marinier** | Marin |
| **Moeras** | Marais |
| **Natuur** | Nature |
| **Natuurlijk** | Naturel |
| **Overleving** | Survie |
| **Planten** | Plantes |
| **Soort** | Espèce |
| **Variëteit** | Variété |
| **Vegetatie** | Végétation |
| **Vrijwilligers** | Bénévoles |

## Emoties
### Émotions

| | |
|---|---|
| **Angst** | Peur |
| **Beschaamd** | Embarrassé |
| **Dankbaar** | Reconnaissant |
| **Droefheid** | Tristesse |
| **Inhoud** | Contenu |
| **Kalm** | Calme |
| **Liefde** | Amour |
| **Ontspannen** | Détendu |
| **Opgewonden** | Excité |
| **Opluchting** | Relief |
| **Rust** | Tranquillité |
| **Sympathie** | Sympathie |
| **Tederheid** | Tendresse |
| **Tevreden** | Satisfait |
| **Verrassing** | Surprise |
| **Verveling** | Ennui |
| **Vrede** | Paix |
| **Vreugde** | Joie |
| **Vriendelijkheid** | Gentillesse |
| **Woede** | Colère |

## Energie
### Énergie

| | |
|---|---|
| **Accu** | Batterie |
| **Benzine** | Essence |
| **Brandstof** | Carburant |
| **Diesel** | Diesel |
| **Elektrisch** | Électrique |
| **Elektron** | Électron |
| **Entropie** | Entropie |
| **Foton** | Photon |
| **Hernieuwbaar** | Renouvelable |
| **Industrie** | Industrie |
| **Koolstof** | Carbone |
| **Motor** | Moteur |
| **Nucleair** | Nucléaire |
| **Omgeving** | Environnement |
| **Stoom** | Vapeur |
| **Turbine** | Turbine |
| **Vervuiling** | Pollution |
| **Warmte** | Chaleur |
| **Waterstof** | Hydrogène |
| **Wind** | Vent |

## Engineering
### Ingénierie

| | |
|---|---|
| **As** | Axe |
| **Berekening** | Calcul |
| **Beweging** | Mouvement |
| **Bouw** | Construction |
| **Diagram** | Diagramme |
| **Diameter** | Diamètre |
| **Diepte** | Profondeur |
| **Diesel** | Diesel |
| **Energie** | Énergie |
| **Hoek** | Angle |
| **Kracht** | Force |
| **Machine** | Machine |
| **Meting** | Mesure |
| **Motor** | Moteur |
| **Rotatie** | Rotation |
| **Stabiliteit** | Stabilité |
| **Structuur** | Structure |
| **Vloeistof** | Liquide |
| **Voortstuwing** | Propulsion |
| **Wrijving** | Friction |

## Eten #1
### Nourriture #1

| | |
|---|---|
| **Aardbei** | Fraise |
| **Abrikoos** | Abricot |
| **Basilicum** | Basilic |
| **Citroen** | Citron |
| **Gerst** | Orge |
| **Kaneel** | Cannelle |
| **Knoflook** | Ail |
| **Melk** | Lait |
| **Peer** | Poire |
| **Pinda** | Arachide |
| **Salade** | Salade |
| **Sap** | Jus |
| **Soep** | Soupe |
| **Spinazie** | Épinard |
| **Suiker** | Sucre |
| **Tonijn** | Thon |
| **Ui** | Oignon |
| **Vlees** | Viande |
| **Wortel** | Carotte |
| **Zout** | Sel |

## *Eten #2*
## Nourriture #2

| | |
|---|---|
| **Amandel** | Amande |
| **Ananas** | Ananas |
| **Appel** | Pomme |
| **Asperge** | Asperges |
| **Aubergine** | Aubergine |
| **Banaan** | Banane |
| **Broccoli** | Brocoli |
| **Brood** | Pain |
| **Druif** | Raisin |
| **Ei** | Oeuf |
| **Ham** | Jambon |
| **Kaas** | Fromage |
| **Kip** | Poulet |
| **Kiwi** | Kiwi |
| **Perzik** | Pêche |
| **Rijst** | Riz |
| **Tarwe** | Blé |
| **Tomaat** | Tomate |
| **Vis** | Poisson |
| **Yoghurt** | Yaourt |

## *Familie*
## Famille

| | |
|---|---|
| **Broer** | Frère |
| **Dochter** | Fille |
| **Grootmoeder** | Grand-Mère |
| **Jeugd** | Enfance |
| **Kind** | Enfant |
| **Kinderen** | Enfants |
| **Kleinkind** | Petit-Enfant |
| **Kleinzoon** | Petit-Fils |
| **Man** | Mari |
| **Moeder** | Mère |
| **Neef** | Neveu |
| **Nicht** | Nièce |
| **Oom** | Oncle |
| **Opa** | Grand-Père |
| **Tante** | Tante |
| **Vader** | Père |
| **Vaderlijk** | Paternel |
| **Voorouder** | Ancêtre |
| **Vrouw** | Femme |
| **Zus** | Soeur |

## *Fruit*
## Fruit

| | |
|---|---|
| **Abrikoos** | Abricot |
| **Ananas** | Ananas |
| **Appel** | Pomme |
| **Avocado** | Avocat |
| **Banaan** | Banane |
| **Bes** | Baie |
| **Citroen** | Citron |
| **Druif** | Raisin |
| **Framboos** | Framboise |
| **Kers** | Cerise |
| **Kiwi** | Kiwi |
| **Kokosnoot** | Noix de Coco |
| **Mango** | Mangue |
| **Meloen** | Melon |
| **Nectarine** | Nectarine |
| **Oranje** | Orange |
| **Papaja** | Papaye |
| **Peer** | Poire |
| **Perzik** | Pêche |
| **Pruim** | Prune |

## *Gebouwen*
## Bâtiments

| | |
|---|---|
| **Ambassade** | Ambassade |
| **Appartement** | Appartement |
| **Bioscoop** | Cinéma |
| **Boerderij** | Ferme |
| **Cabine** | Cabine |
| **Fabriek** | Usine |
| **Hotel** | Hôtel |
| **Kasteel** | Château |
| **Laboratorium** | Laboratoire |
| **Museum** | Musée |
| **Observatorium** | Observatoire |
| **School** | École |
| **Schuur** | Grange |
| **Stadion** | Stade |
| **Supermarkt** | Supermarché |
| **Tent** | Tente |
| **Theater** | Théâtre |
| **Toren** | Tour |
| **Universiteit** | Université |
| **Ziekenhuis** | Hôpital |

## *Geografie*
## Géographie

| | |
|---|---|
| **Atlas** | Atlas |
| **Berg** | Montagne |
| **Breedtegraad** | Latitude |
| **Continent** | Continent |
| **Eiland** | Île |
| **Evenaar** | Équateur |
| **Halfrond** | Hémisphère |
| **Hoogte** | Altitude |
| **Kaart** | Carte |
| **Land** | Pays |
| **Meridiaan** | Méridien |
| **Noorden** | Nord |
| **Oceaan** | Océan |
| **Regio** | Région |
| **Rivier** | Fleuve |
| **Stad** | Ville |
| **Wereld** | Monde |
| **Westen** | Ouest |
| **Zee** | Mer |
| **Zuiden** | Sud |

## *Geologie*
## Géologie

| | |
|---|---|
| **Calcium** | Calcium |
| **Continent** | Continent |
| **Erosie** | Érosion |
| **Fossiel** | Fossile |
| **Geiser** | Geyser |
| **Gesmolten** | Fondu |
| **Grot** | Caverne |
| **Koraal** | Corail |
| **Kristallen** | Cristaux |
| **Kwarts** | Quartz |
| **Laag** | Couche |
| **Lava** | Lave |
| **Mineralen** | Minéraux |
| **Plateau** | Plateau |
| **Stalactiet** | Stalactite |
| **Steen** | Pierre |
| **Vulkaan** | Volcan |
| **Zone** | Zone |
| **Zout** | Sel |
| **Zuur** | Acide |

## Geometrie
### Géométrie

| | |
|---|---|
| **Berekening** | Calcul |
| **Cirkel** | Cercle |
| **Curve** | Courbe |
| **Diameter** | Diamètre |
| **Dimensie** | Dimension |
| **Driehoek** | Triangle |
| **Hoek** | Angle |
| **Hoogte** | Hauteur |
| **Horizontaal** | Horizontal |
| **Logica** | Logique |
| **Massa** | Masse |
| **Mediaan** | Médian |
| **Oppervlak** | Surface |
| **Parallel** | Parallèle |
| **Segment** | Segment |
| **Symmetrie** | Symétrie |
| **Theorie** | Théorie |
| **Vergelijking** | Équation |
| **Verticaal** | Vertical |
| **Vierkant** | Carré |

## Getallen
### Nombres

| | |
|---|---|
| **Acht** | Huit |
| **Achttien** | Dix-Huit |
| **Dertien** | Treize |
| **Drie** | Trois |
| **Een** | Un |
| **Negen** | Neuf |
| **Negentien** | Dix-Neuf |
| **Nul** | Zéro |
| **Tien** | Dix |
| **Twaalf** | Douze |
| **Twee** | Deux |
| **Twintig** | Vingt |
| **Veertien** | Quatorze |
| **Vier** | Quatre |
| **Vijf** | Cinq |
| **Vijftien** | Quinze |
| **Zes** | Six |
| **Zestien** | Seize |
| **Zeven** | Sept |
| **Zeventien** | Dix-Sept |

## Gezondheid en Welzijn #1
### Santé et Bien-Être #1

| | |
|---|---|
| **Actief** | Actif |
| **Apotheek** | Pharmacie |
| **Bacteriën** | Bactéries |
| **Behandeling** | Traitement |
| **Breuk** | Fracture |
| **Dokter** | Médecin |
| **Gewoonte** | Habitude |
| **Honger** | Faim |
| **Hoogte** | Hauteur |
| **Hormonen** | Hormone |
| **Huid** | Peau |
| **Kliniek** | Clinique |
| **Letsel** | Blessure |
| **Medicijn** | Médicament |
| **Ontspanning** | Relaxation |
| **Reflex** | Réflexe |
| **Spieren** | Muscles |
| **Therapie** | Thérapie |
| **Virus** | Virus |
| **Zenuwen** | Nerfs |

## Gezondheid en Welzijn #2
### Santé et Bien-Être #2

| | |
|---|---|
| **Allergie** | Allergie |
| **Anatomie** | Anatomie |
| **Bloed** | Sang |
| **Calorie** | Calorie |
| **Dieet** | Diète |
| **Energie** | Énergie |
| **Genetica** | Génétique |
| **Gewicht** | Poids |
| **Gezond** | Sain |
| **Herstel** | Récupération |
| **Hygiëne** | Hygiène |
| **Infectie** | Infection |
| **Lichaam** | Corps |
| **Massage** | Massage |
| **Spijsvertering** | Digestion |
| **Stress** | Stress |
| **Vitamine** | Vitamine |
| **Voeding** | Nutrition |
| **Ziekenhuis** | Hôpital |
| **Ziekte** | Maladie |

## Groenten
### Légumes

| | |
|---|---|
| **Artisjok** | Artichaut |
| **Aubergine** | Aubergine |
| **Broccoli** | Brocoli |
| **Erwt** | Pois |
| **Gember** | Gingembre |
| **Knoflook** | Ail |
| **Komkommer** | Concombre |
| **Olijf** | Olive |
| **Paddestoel** | Champignon |
| **Peterselie** | Persil |
| **Pompoen** | Citrouille |
| **Raap** | Navet |
| **Radijs** | Radis |
| **Salade** | Salade |
| **Selderij** | Céleri |
| **Sjalot** | Échalote |
| **Spinazie** | Épinard |
| **Tomaat** | Tomate |
| **Ui** | Oignon |
| **Wortel** | Carotte |

## Haartypes
### Types de Cheveux

| | |
|---|---|
| **Blond** | Blond |
| **Bruin** | Marron |
| **Dik** | Épais |
| **Droog** | Sec |
| **Dun** | Mince |
| **Gekleurd** | Coloré |
| **Gevlochten** | Tressé |
| **Gezond** | Sain |
| **Glimmend** | Brillant |
| **Golvend** | Ondulé |
| **Grijs** | Gris |
| **Kaal** | Chauve |
| **Kort** | Court |
| **Krullen** | Boucles |
| **Krullend** | Frisé |
| **Lang** | Long |
| **Wit** | Blanc |
| **Zacht** | Doux |
| **Zilver** | Argent |
| **Zwart** | Noir |

## Herbalisme
### Herboristerie

| | |
|---|---|
| **Aromatisch** | Aromatique |
| **Basilicum** | Basilic |
| **Bloem** | Fleur |
| **Culinair** | Culinaire |
| **Dille** | Aneth |
| **Dragon** | Estragon |
| **Groen** | Vert |
| **Ingrediënt** | Ingrédient |
| **Knoflook** | Ail |
| **Kwaliteit** | Qualité |
| **Lavendel** | Lavande |
| **Marjolein** | Marjolaine |
| **Oregano** | Origan |
| **Peterselie** | Persil |
| **Rozemarijn** | Romarin |
| **Saffraan** | Safran |
| **Smaak** | Saveur |
| **Tijm** | Thym |
| **Tuin** | Jardin |
| **Venkel** | Fenouil |

## Huis
### Maison

| | |
|---|---|
| **Bezem** | Balai |
| **Bibliotheek** | Bibliothèque |
| **Dak** | Toit |
| **Deur** | Porte |
| **Douche** | Douche |
| **Garage** | Garage |
| **Haard** | Cheminée |
| **Hek** | Clôture |
| **Kamer** | Chambre |
| **Kelder** | Sous-Sol |
| **Keuken** | Cuisine |
| **Lamp** | Lampe |
| **Meubilair** | Meubles |
| **Muur** | Mur |
| **Plafond** | Plafond |
| **Spiegel** | Miroir |
| **Tapijt** | Tapis |
| **Trap** | Escalier |
| **Tuin** | Jardin |
| **Zolder** | Grenier |

## Huisdieren
### Animaux de Compagnie

| | |
|---|---|
| **Dierenarts** | Vétérinaire |
| **Geit** | Chèvre |
| **Hagedis** | Lézard |
| **Hamster** | Hamster |
| **Hond** | Chien |
| **Kat** | Chat |
| **Katje** | Chaton |
| **Klauwen** | Griffes |
| **Koe** | Vache |
| **Konijn** | Lapin |
| **Kraag** | Collier |
| **Muis** | Souris |
| **Papegaai** | Perroquet |
| **Poten** | Pattes |
| **Puppy** | Chiot |
| **Schildpad** | Tortue |
| **Staart** | Queue |
| **Vis** | Poisson |
| **Voedsel** | Nourriture |
| **Water** | Eau |

## Installaties
### Plantes

| | |
|---|---|
| **Bamboe** | Bambou |
| **Bes** | Baie |
| **Blad** | Feuille |
| **Bloem** | Fleur |
| **Boom** | Arbre |
| **Boon** | Haricot |
| **Bos** | Forêt |
| **Cactus** | Cactus |
| **Flora** | Flore |
| **Gebladerte** | Feuillage |
| **Gras** | Herbe |
| **Groeien** | Grandir |
| **Klimop** | Lierre |
| **Mest** | Engrais |
| **Mos** | Mousse |
| **Plantkunde** | Botanique |
| **Struik** | Buisson |
| **Tuin** | Jardin |
| **Vegetatie** | Végétation |
| **Wortel** | Racine |

## Jazz
### Jazz

| | |
|---|---|
| **Album** | Album |
| **Artiest** | Artiste |
| **Beroemd** | Célèbre |
| **Componist** | Compositeur |
| **Concert** | Concert |
| **Favorieten** | Favoris |
| **Genre** | Genre |
| **Improvisatie** | Improvisation |
| **Invloed** | Influences |
| **Lied** | Chanson |
| **Muziek** | Musique |
| **Nadruk** | Accent |
| **Nieuw** | Nouveau |
| **Orkest** | Orchestre |
| **Oud** | Vieux |
| **Ritme** | Rythme |
| **Samenstelling** | Composition |
| **Stijl** | Style |
| **Talent** | Talent |
| **Techniek** | Technique |

## Keuken
### Cuisine

| | |
|---|---|
| **Cup** | Tasses |
| **Eetstokjes** | Baguettes |
| **Grill** | Gril |
| **Ketel** | Bouilloire |
| **Koelkast** | Réfrigérateur |
| **Kom** | Bol |
| **Kruik** | Cruche |
| **Lepels** | Cuillères |
| **Messen** | Couteaux |
| **Oven** | Four |
| **Pollepel** | Louche |
| **Pot** | Pot |
| **Recept** | Recette |
| **Schort** | Tablier |
| **Servet** | Serviette |
| **Specerijen** | Épices |
| **Spons** | Éponge |
| **Voedsel** | Nourriture |
| **Vorken** | Fourchettes |
| **Vriezer** | Congélateur |

## Kleding
### Vêtements

| | |
|---|---|
| **Armband** | Bracelet |
| **Blouse** | Chemisier |
| **Broek** | Pantalon |
| **Handschoenen** | Gants |
| **Hoed** | Chapeau |
| **Jas** | Manteau |
| **Jasje** | Veste |
| **Jurk** | Robe |
| **Ketting** | Collier |
| **Mode** | Mode |
| **Pyjama** | Pyjama |
| **Riem** | Ceinture |
| **Rok** | Jupe |
| **Sandalen** | Sandales |
| **Schoen** | Chaussure |
| **Schort** | Tablier |
| **Shirt** | Chemise |
| **Sjaal** | Foulard |
| **Sokken** | Chaussettes |
| **Trui** | Pull |

## Koffie
### Café

| | |
|---|---|
| **Aroma** | Arôme |
| **Beker** | Tasse |
| **Bitter** | Amer |
| **Cafeïne** | Caféine |
| **Drank** | Boisson |
| **Filter** | Filtre |
| **Geroosterd** | Rôti |
| **Malen** | Moudre |
| **Melk** | Lait |
| **Ochtend** | Matin |
| **Oorsprong** | Origine |
| **Prijs** | Prix |
| **Room** | Crème |
| **Smaak** | Saveur |
| **Suiker** | Sucre |
| **Variëteit** | Variété |
| **Vloeistof** | Liquide |
| **Water** | Eau |
| **Zuur** | Acide |
| **Zwart** | Noir |

## Kracht en Zwaartekracht
### Force et Gravité

| | |
|---|---|
| **Afstand** | Distance |
| **As** | Axe |
| **Baan** | Orbite |
| **Beweging** | Mouvement |
| **Centrum** | Centre |
| **Druk** | Pression |
| **Dynamisch** | Dynamique |
| **Eigendommen** | Propriétés |
| **Gewicht** | Poids |
| **Impact** | Impact |
| **Magnetisme** | Magnétisme |
| **Mechanica** | Mécanique |
| **Natuurkunde** | Physique |
| **Ontdekking** | Découverte |
| **Planeten** | Planètes |
| **Snelheid** | Vitesse |
| **Tijd** | Temps |
| **Uitbreiding** | Expansion |
| **Universeel** | Universel |
| **Wrijving** | Friction |

## Kunst
### Art

| | |
|---|---|
| **Beeldhouwwerk** | Sculpture |
| **Complex** | Complexe |
| **Creëren** | Créer |
| **Eenvoudig** | Simple |
| **Eerlijk** | Honnête |
| **Figuur** | Figure |
| **Geïnspireerd** | Inspiré |
| **Humeur** | Humeur |
| **Keramisch** | Céramique |
| **Onderwerp** | Sujet |
| **Origineel** | Original |
| **Persoonlijk** | Personnel |
| **Poëzie** | Poésie |
| **Portretteren** | Dépeindre |
| **Samenstelling** | Composition |
| **Schilderijen** | Peintures |
| **Surrealisme** | Surréalisme |
| **Symbool** | Symbole |
| **Uitdrukking** | Expression |
| **Visueel** | Visuel |

## Kunstbenodigdheden
### Fournitures d'Art

| | |
|---|---|
| **Acryl** | Acrylique |
| **Aquarellen** | Aquarelles |
| **Borstels** | Brosses |
| **Camera** | Caméra |
| **Creativiteit** | Créativité |
| **Ezel** | Chevalet |
| **Gom** | Gomme |
| **Houtskool** | Charbon |
| **Inkt** | Encre |
| **Klei** | Argile |
| **Kleuren** | Couleurs |
| **Lijm** | Colle |
| **Olie** | Huile |
| **Papier** | Papier |
| **Pastel** | Pastels |
| **Potloden** | Crayons |
| **Stoel** | Chaise |
| **Tafel** | Table |
| **Verf** | Peinture |
| **Water** | Eau |

## Landen #1
### Pays #1

| | |
|---|---|
| **België** | Belgique |
| **Brazilië** | Brésil |
| **Cambodja** | Cambodge |
| **Canada** | Canada |
| **Chili** | Chili |
| **Duitsland** | Allemagne |
| **Egypte** | Egypte |
| **Irak** | Irak |
| **Israël** | Israël |
| **Italië** | Italie |
| **Letland** | Lettonie |
| **Libië** | Libye |
| **Marokko** | Maroc |
| **Nicaragua** | Nicaragua |
| **Noorwegen** | Norvège |
| **Panama** | Panama |
| **Polen** | Pologne |
| **Roemenië** | Roumanie |
| **Senegal** | Sénégal |
| **Spanje** | Espagne |

## Landen #2
### Pays #2

| | |
|---|---|
| **Denemarken** | Danemark |
| **Ethiopië** | Ethiopie |
| **Frankrijk** | France |
| **Griekenland** | Grèce |
| **Ierland** | Irlande |
| **Indonesië** | Indonésie |
| **Japan** | Japon |
| **Kenia** | Kenya |
| **Laos** | Laos |
| **Libanon** | Liban |
| **Liberia** | Libéria |
| **Maleisië** | Malaisie |
| **Mexico** | Mexique |
| **Nepal** | Népal |
| **Nigeria** | Nigeria |
| **Oeganda** | Ouganda |
| **Oekraïne** | Ukraine |
| **Rusland** | Russie |
| **Somalië** | Somalie |
| **Syrië** | Syrie |

## Landschappen
### Paysages

| | |
|---|---|
| **Berg** | Montagne |
| **Eiland** | Île |
| **Geiser** | Geyser |
| **Gletsjer** | Glacier |
| **Grot** | Grotte |
| **Heuvel** | Colline |
| **IJsberg** | Iceberg |
| **Meer** | Lac |
| **Moeras** | Marais |
| **Oase** | Oasis |
| **Oceaan** | Océan |
| **Rivier** | Fleuve |
| **Schiereiland** | Péninsule |
| **Strand** | Plage |
| **Toendra** | Toundra |
| **Vallei** | Vallée |
| **Vulkaan** | Volcan |
| **Waterval** | Cascade |
| **Woestijn** | Désert |
| **Zee** | Mer |

## Literatuur
### Littérature

| | |
|---|---|
| **Analogie** | Analogie |
| **Analyse** | Analyse |
| **Anekdote** | Anecdote |
| **Auteur** | Auteur |
| **Biografie** | Biographie |
| **Conclusie** | Conclusion |
| **Dialoog** | Dialogue |
| **Fictie** | Fiction |
| **Gedicht** | Poème |
| **Mening** | Opinion |
| **Metafoor** | Métaphore |
| **Poëtisch** | Poétique |
| **Rijm** | Rime |
| **Ritme** | Rythme |
| **Roman** | Roman |
| **Stijl** | Style |
| **Thema** | Thème |
| **Tragedie** | Tragédie |
| **Vergelijking** | Comparaison |
| **Verteller** | Narrateur |

## Meditatie
### Méditation

| | |
|---|---|
| **Aandacht** | Attention |
| **Aanvaarding** | Acceptation |
| **Ademhaling** | Respiration |
| **Beweging** | Mouvement |
| **Dankbaarheid** | Gratitude |
| **Emoties** | Émotions |
| **Gedachten** | Pensées |
| **Geluk** | Bonheur |
| **Helderheid** | Clarté |
| **Houding** | Posture |
| **Mededogen** | Compassion |
| **Mentaal** | Mental |
| **Muziek** | Musique |
| **Natuur** | Nature |
| **Observatie** | Observation |
| **Perspectief** | Perspective |
| **Stilte** | Silence |
| **Vrede** | Paix |
| **Vriendelijkheid** | Gentillesse |
| **Wakker** | Éveillé |

## Meer Informatie
### Science-Fiction

| | |
|---|---|
| **Bioscoop** | Cinéma |
| **Boeken** | Livres |
| **Brand** | Feu |
| **Denkbeeldig** | Imaginaire |
| **Dystopie** | Dystopie |
| **Explosie** | Explosion |
| **Extreem** | Extrême |
| **Fantastisch** | Fantastique |
| **Futuristisch** | Futuriste |
| **Illusie** | Illusion |
| **Mysterieus** | Mystérieux |
| **Orakel** | Oracle |
| **Planeet** | Planète |
| **Realistisch** | Réaliste |
| **Robots** | Robots |
| **Scenario** | Scénario |
| **Sterrenstelsel** | Galaxie |
| **Technologie** | Technologie |
| **Utopie** | Utopie |
| **Wereld** | Monde |

## Menselijk Lichaam
### Corps Humain

| | |
|---|---|
| **Been** | Jambe |
| **Bloed** | Sang |
| **Elleboog** | Coude |
| **Enkel** | Cheville |
| **Hand** | Main |
| **Hart** | Cœur |
| **Hersenen** | Cerveau |
| **Hoofd** | Tête |
| **Huid** | Peau |
| **Kaak** | Mâchoire |
| **Kin** | Menton |
| **Knie** | Genou |
| **Maag** | Estomac |
| **Mond** | Bouche |
| **Nek** | Cou |
| **Neus** | Nez |
| **Oor** | Oreille |
| **Schouder** | Épaule |
| **Tong** | Langue |
| **Vinger** | Doigt |

## Metingen
### Mesures

| | |
|---|---|
| **Breedte** | Largeur |
| **Byte** | Octet |
| **Centimeter** | Centimètre |
| **Decimaal** | Décimal |
| **Diepte** | Profondeur |
| **Gewicht** | Poids |
| **Gram** | Gramme |
| **Hoogte** | Hauteur |
| **Inch** | Pouce |
| **Kilogram** | Kilogramme |
| **Kilometer** | Kilomètre |
| **Lengte** | Longueur |
| **Liter** | Litre |
| **Massa** | Masse |
| **Meter** | Mètre |
| **Minuut** | Minute |
| **Ons** | Once |
| **Pint** | Pinte |
| **Ton** | Tonne |
| **Volume** | Volume |

## Mode
### Mode

| | |
|---|---|
| **Bescheiden** | Modeste |
| **Betaalbaar** | Abordable |
| **Borduurwerk** | Broderie |
| **Comfortabel** | Confortable |
| **Duur** | Cher |
| **Eenvoudig** | Simple |
| **Elegant** | Élégant |
| **Kant** | Dentelle |
| **Kleding** | Vêtements |
| **Knop** | Boutons |
| **Minimalistisch** | Minimaliste |
| **Modern** | Moderne |
| **Origineel** | Original |
| **Patroon** | Modèle |
| **Praktisch** | Pratique |
| **Stijl** | Style |
| **Stof** | Tissu |
| **Textuur** | Texture |
| **Trend** | Tendance |
| **Winkel** | Boutique |

## Muziek
### Musique

| | |
|---|---|
| **Album** | Album |
| **Ballade** | Ballade |
| **Eclectisch** | Éclectique |
| **Harmonie** | Harmonie |
| **Improviseren** | Improviser |
| **Instrument** | Instrument |
| **Klassiek** | Classique |
| **Koor** | Chœur |
| **Lyrisch** | Lyrique |
| **Melodie** | Mélodie |
| **Microfoon** | Microphone |
| **Muzikaal** | Musical |
| **Muzikant** | Musicien |
| **Opera** | Opéra |
| **Poëtisch** | Poétique |
| **Ritme** | Rythme |
| **Ritmisch** | Rythmique |
| **Tempo** | Tempo |
| **Zanger** | Chanteur |
| **Zingen** | Chanter |

## Muziekinstrumenten
### Instruments de Musique

| | |
|---|---|
| **Banjo** | Banjo |
| **Cello** | Violoncelle |
| **Fagot** | Basson |
| **Fluit** | Flûte |
| **Gitaar** | Guitare |
| **Gong** | Gong |
| **Harp** | Harpe |
| **Hobo** | Hautbois |
| **Klarinet** | Clarinette |
| **Mandoline** | Mandoline |
| **Marimba** | Marimba |
| **Mondharmonica** | Harmonica |
| **Percussie** | Percussion |
| **Piano** | Piano |
| **Saxofoon** | Saxophone |
| **Tamboerijn** | Tambourin |
| **Trombone** | Trombone |
| **Trommel** | Tambour |
| **Trompet** | Trompette |
| **Viool** | Violon |

## Mythologie
### Mythologie

| | |
|---|---|
| **Archetype** | Archétype |
| **Bliksem** | Éclair |
| **Creatie** | Création |
| **Cultuur** | Culture |
| **Donder** | Tonnerre |
| **Doolhof** | Labyrinthe |
| **Gedrag** | Comportement |
| **Held** | Héros |
| **Heldin** | Héroïne |
| **Hemel** | Ciel |
| **Jaloezie** | Jalousie |
| **Kracht** | Force |
| **Krijger** | Guerrier |
| **Legende** | Légende |
| **Monster** | Monstre |
| **Onsterfelijkheid** | Immortalité |
| **Ramp** | Catastrophe |
| **Sterfelijk** | Mortel |
| **Wezen** | Créature |
| **Wraak** | Vengeance |

## Natuur
### Nature

| | |
|---|---|
| **Arctisch** | Arctique |
| **Bijen** | Abeilles |
| **Bos** | Forêt |
| **Dieren** | Animaux |
| **Dynamisch** | Dynamique |
| **Erosie** | Érosion |
| **Gebladerte** | Feuillage |
| **Gletsjer** | Glacier |
| **Heiligdom** | Sanctuaire |
| **Klippen** | Falaises |
| **Mist** | Brouillard |
| **Rivier** | Fleuve |
| **Schoonheid** | Beauté |
| **Schuilplaats** | Abri |
| **Sereen** | Serein |
| **Tropisch** | Tropical |
| **Vitaal** | Vital |
| **Wild** | Sauvage |
| **Woestijn** | Désert |
| **Wolken** | Nuage |

## Natuurkunde
### Physique

| | |
|---|---|
| Atoom | Atome |
| Chaos | Chaos |
| Chemisch | Chimique |
| Deeltje | Particule |
| Dichtheid | Densité |
| Elektron | Électron |
| Experiment | Expérience |
| Formule | Formule |
| Frequentie | Fréquence |
| Gas | Gaz |
| Magnetisme | Magnétisme |
| Massa | Masse |
| Mechanica | Mécanique |
| Molecuul | Molécule |
| Motor | Moteur |
| Relativiteit | Relativité |
| Snelheid | Vitesse |
| Universeel | Universel |
| Versnelling | Accélération |
| Zwaartekracht | Gravité |

## Oceaan
### Océan

| | |
|---|---|
| Aal | Anguille |
| Algen | Algue |
| Boot | Bateau |
| Dolfijn | Dauphin |
| Garnaal | Crevette |
| Getijden | Marées |
| Haai | Requin |
| Koraal | Corail |
| Krab | Crabe |
| Kwal | Méduse |
| Octopus | Poulpe |
| Oester | Huître |
| Rif | Récif |
| Schildpad | Tortue |
| Spons | Éponge |
| Storm | Tempête |
| Tonijn | Thon |
| Vis | Poisson |
| Walvis | Baleine |
| Zout | Sel |

## Overheid
### Gouvernement

| | |
|---|---|
| Burgerschap | Citoyenneté |
| Civiel | Civil |
| Democratie | Démocratie |
| Discussie | Discussion |
| Gelijkheid | Égalité |
| Gerechtelijk | Judiciaire |
| Gerechtigheid | Justice |
| Grondwet | Constitution |
| Leider | Leader |
| Monument | Monument |
| Natie | Nation |
| Nationaal | National |
| Politiek | Politique |
| Rechten | Droits |
| Staat | État |
| Symbool | Symbole |
| Toespraak | Discours |
| Vrijheid | Liberté |
| Wet | Loi |
| Wijk | District |

## Psychologie
### Psychologie

| | |
|---|---|
| Afspraak | Rendez-Vous |
| Beoordeling | Évaluation |
| Bewusteloos | Inconscient |
| Cognitie | Cognition |
| Conflict | Conflit |
| Dromen | Rêves |
| Ego | Ego |
| Emoties | Émotions |
| Ervaringen | Expériences |
| Gedachten | Pensées |
| Gedrag | Comportement |
| Gevoel | Sensation |
| Invloed | Influences |
| Jeugd | Enfance |
| Klinisch | Clinique |
| Perceptie | Perception |
| Persoonlijkheid | Personnalité |
| Probleem | Problème |
| Realiteit | Réalité |
| Therapie | Thérapie |

## Regenwoud
### Forêt Tropicale

| | |
|---|---|
| Amfibieën | Amphibiens |
| Behoud | Préservation |
| Botanisch | Botanique |
| Diversiteit | Diversité |
| Gemeenschap | Communauté |
| Inheems | Indigène |
| Insecten | Insectes |
| Jungle | Jungle |
| Klimaat | Climat |
| Mos | Mousse |
| Natuur | Nature |
| Overleving | Survie |
| Respect | Respect |
| Restauratie | Restauration |
| Soort | Espèce |
| Toevlucht | Refuge |
| Vogels | Oiseaux |
| Waardevol | Précieux |
| Wolken | Nuage |
| Zoogdieren | Mammifères |

## Restaurant #2
### Restaurant #2

| | |
|---|---|
| Cake | Gâteau |
| Diner | Dîner |
| Drank | Boisson |
| Eieren | Oeuf |
| Fruit | Fruit |
| Groente | Légumes |
| Heerlijk | Délicieux |
| Ijs | Glace |
| Lepel | Cuillère |
| Lunch | Déjeuner |
| Noedels | Nouilles |
| Ober | Serveur |
| Salade | Salade |
| Soep | Soupe |
| Specerijen | Épices |
| Stoel | Chaise |
| Vis | Poisson |
| Vork | Fourchette |
| Water | Eau |
| Zout | Sel |

## *Rijden* / Conduite

| | |
|---|---|
| **Auto** | Voiture |
| **Brandstof** | Carburant |
| **Garage** | Garage |
| **Gas** | Gaz |
| **Gevaar** | Danger |
| **Kaart** | Carte |
| **Licentie** | Licence |
| **Motor** | Moteur |
| **Motorfiets** | Moto |
| **Ongeluk** | Accident |
| **Politie** | Police |
| **Remmen** | Freins |
| **Snelheid** | Vitesse |
| **Straat** | Rue |
| **Tunnel** | Tunnel |
| **Veiligheid** | Sécurité |
| **Verkeer** | Trafic |
| **Voetganger** | Piéton |
| **Vrachtauto** | Camion |
| **Weg** | Route |

## *Schaken* / Échecs

| | |
|---|---|
| **Diagonaal** | Diagonal |
| **Kampioen** | Champion |
| **Koning** | Roi |
| **Koningin** | Reine |
| **Leren** | Apprendre |
| **Offer** | Sacrifice |
| **Passief** | Passif |
| **Punten** | Points |
| **Reglement** | Règles |
| **Slim** | Intelligent |
| **Spel** | Jeu |
| **Speler** | Joueur |
| **Strategie** | Stratégie |
| **Tegenstander** | Adversaire |
| **Tijd** | Temps |
| **Toernooi** | Tournoi |
| **Uitdagingen** | Défis |
| **Wedstrijd** | Concours |
| **Wit** | Blanc |
| **Zwart** | Noir |

## *Schoonheid* / Beauté

| | |
|---|---|
| **Charme** | Charme |
| **Cosmetica** | Cosmétique |
| **Diensten** | Services |
| **Elegant** | Élégant |
| **Elegantie** | Élégance |
| **Fotogeniek** | Photogénique |
| **Genade** | Grâce |
| **Geur** | Parfum |
| **Glad** | Lisse |
| **Huid** | Peau |
| **Kleur** | Couleur |
| **Krullen** | Boucles |
| **Mascara** | Mascara |
| **Oliën** | Huiles |
| **Producten** | Produits |
| **Schaar** | Ciseaux |
| **Shampoo** | Shampooing |
| **Spiegel** | Miroir |
| **Stilist** | Styliste |
| **Verzinnen** | Maquillage |

## *Specerijen* / Épices

| | |
|---|---|
| **Anijs** | Anis |
| **Bitter** | Amer |
| **Fenegriek** | Fenugrec |
| **Gember** | Gingembre |
| **Kaneel** | Cannelle |
| **Kardemom** | Cardamome |
| **Kerrie** | Curry |
| **Knoflook** | Ail |
| **Komijn** | Cumin |
| **Koriander** | Coriandre |
| **Kruidnagel** | Girofle |
| **Nootmuskaat** | Muscade |
| **Paprika** | Paprika |
| **Saffraan** | Safran |
| **Smaak** | Saveur |
| **Ui** | Oignon |
| **Vanille** | Vanille |
| **Venkel** | Fenouil |
| **Zoet** | Doux |
| **Zout** | Sel |

## *Stad* / Ville

| | |
|---|---|
| **Apotheek** | Pharmacie |
| **Bakkerij** | Boulangerie |
| **Bank** | Banque |
| **Bibliotheek** | Bibliothèque |
| **Bioscoop** | Cinéma |
| **Bloemist** | Fleuriste |
| **Boekhandel** | Librairie |
| **Dierentuin** | Zoo |
| **Galerij** | Galerie |
| **Hotel** | Hôtel |
| **Kliniek** | Clinique |
| **Luchthaven** | Aéroport |
| **Markt** | Marché |
| **Museum** | Musée |
| **School** | École |
| **Stadion** | Stade |
| **Supermarkt** | Supermarché |
| **Theater** | Théâtre |
| **Universiteit** | Université |
| **Winkel** | Magasin |

## *Tijd* / Temps

| | |
|---|---|
| **Dag** | Jour |
| **Decennium** | Décennie |
| **Eeuw** | Siècle |
| **Gisteren** | Hier |
| **Jaar** | Année |
| **Jaarlijks** | Annuel |
| **Kalender** | Calendrier |
| **Klok** | Horloge |
| **Maand** | Mois |
| **Middag** | Midi |
| **Minuut** | Minute |
| **Morgen** | Demain |
| **Na** | Après |
| **Nacht** | Nuit |
| **Nu** | Maintenant |
| **Ochtend** | Matin |
| **Toekomst** | Futur |
| **Uur** | Heure |
| **Vandaag** | Aujourd'Hui |
| **Week** | Semaine |

## *Tuin*
### Jardin

| | |
|---|---|
| **Bank** | Banc |
| **Bloem** | Fleur |
| **Boom** | Arbre |
| **Boomgaard** | Verger |
| **Garage** | Garage |
| **Gazon** | Pelouse |
| **Gras** | Herbe |
| **Hangmat** | Hamac |
| **Hark** | Râteau |
| **Hek** | Clôture |
| **Rotsen** | Roches |
| **Schop** | Pelle |
| **Slang** | Tuyau |
| **Struik** | Buisson |
| **Terras** | Terrasse |
| **Trampoline** | Trampoline |
| **Tuin** | Jardin |
| **Veranda** | Porche |
| **Vijver** | Étang |
| **Wijnstok** | Vigne |

## *Tuinieren*
### Jardinage

| | |
|---|---|
| **Blad** | Feuille |
| **Bloemen** | Floral |
| **Bloesem** | Fleur |
| **Bodem** | Sol |
| **Boeket** | Bouquet |
| **Boomgaard** | Verger |
| **Botanisch** | Botanique |
| **Compost** | Compost |
| **Container** | Récipient |
| **Eetbaar** | Comestible |
| **Exotisch** | Exotique |
| **Gebladerte** | Feuillage |
| **Klimaat** | Climat |
| **Seizoensgebonden** | Saisonnier |
| **Slang** | Tuyau |
| **Soort** | Espèce |
| **Vocht** | Humidité |
| **Vuil** | Saleté |
| **Water** | Eau |
| **Zaden** | Graines |

## *Universum*
### Univers

| | |
|---|---|
| **Asteroïde** | Astéroïde |
| **Astronomie** | Astronomie |
| **Astronoom** | Astronome |
| **Atmosfeer** | Atmosphère |
| **Baan** | Orbite |
| **Breedtegraad** | Latitude |
| **Dierenriem** | Zodiaque |
| **Duisternis** | Obscurité |
| **Evenaar** | Équateur |
| **Halfrond** | Hémisphère |
| **Hemel** | Ciel |
| **Horizon** | Horizon |
| **Kantelen** | Inclinaison |
| **Kosmisch** | Cosmique |
| **Lengtegraad** | Longitude |
| **Maan** | Lune |
| **Sterrenstelsel** | Galaxie |
| **Telescoop** | Télescope |
| **Zichtbaar** | Visible |
| **Zonnewende** | Solstice |

## *Vakantie #2*
### Vacances #2

| | |
|---|---|
| **Bestemming** | Destination |
| **Buitenlander** | Étranger |
| **Eiland** | Île |
| **Hotel** | Hôtel |
| **Kaart** | Carte |
| **Kamperen** | Camping |
| **Luchthaven** | Aéroport |
| **Paspoort** | Passeport |
| **Reis** | Voyage |
| **Reserveringen** | Réservations |
| **Restaurant** | Restaurant |
| **Strand** | Plage |
| **Taxi** | Taxi |
| **Tent** | Tente |
| **Trein** | Train |
| **Vakantie** | Vacances |
| **Vervoer** | Transport |
| **Visum** | Visa |
| **Vrije Tijd** | Loisir |
| **Zee** | Mer |

## *Vliegtuigen*
### Avions

| | |
|---|---|
| **Afdaling** | Descente |
| **Atmosfeer** | Atmosphère |
| **Avontuur** | Aventure |
| **Ballon** | Ballon |
| **Bemanning** | Équipage |
| **Bouw** | Construction |
| **Brandstof** | Carburant |
| **Geschiedenis** | Histoire |
| **Hemel** | Ciel |
| **Hoogte** | Hauteur |
| **Landen** | Atterrissage |
| **Lucht** | Air |
| **Motor** | Moteur |
| **Navigeren** | Naviguer |
| **Ontwerp** | Design |
| **Passagier** | Passager |
| **Piloot** | Pilote |
| **Richting** | Direction |
| **Turbulentie** | Turbulence |
| **Waterstof** | Hydrogène |

## *Voeding*
### Nutrition

| | |
|---|---|
| **Bitter** | Amer |
| **Calorieën** | Calories |
| **Dieet** | Diète |
| **Eetbaar** | Comestible |
| **Eetlust** | Appétit |
| **Eiwitten** | Protéines |
| **Evenwichtig** | Équilibré |
| **Fermentatie** | Fermentation |
| **Gewicht** | Poids |
| **Gezond** | Sain |
| **Gezondheid** | Santé |
| **Koolhydraten** | Glucides |
| **Kwaliteit** | Qualité |
| **Saus** | Sauce |
| **Smaak** | Saveur |
| **Spijsvertering** | Digestion |
| **Toxine** | Toxine |
| **Vitamine** | Vitamine |
| **Vloeistoffen** | Liquides |
| **Voedingsstof** | Nutritif |

## Voertuigen
### Véhicules

| | |
|---|---|
| **Ambulance** | Ambulance |
| **Auto** | Voiture |
| **Banden** | Pneus |
| **Boot** | Bateau |
| **Bus** | Bus |
| **Caravan** | Caravane |
| **Fiets** | Vélo |
| **Helikopter** | Hélicoptère |
| **Metro** | Métro |
| **Motor** | Moteur |
| **Onderzeeër** | Sous-Marin |
| **Raket** | Fusée |
| **Scooter** | Scooter |
| **Taxi** | Taxi |
| **Tractor** | Tracteur |
| **Trein** | Train |
| **Veerboot** | Ferry |
| **Vliegtuig** | Avion |
| **Vlot** | Radeau |
| **Vrachtauto** | Camion |

## Vogels
### Oiseaux

| | |
|---|---|
| **Duif** | Colombe |
| **Eend** | Canard |
| **Ei** | Oeuf |
| **Flamingo** | Flamant |
| **Gans** | Oie |
| **Kip** | Poulet |
| **Koekoek** | Coucou |
| **Kraai** | Corbeau |
| **Meeuw** | Mouette |
| **Mus** | Moineau |
| **Ooievaar** | Cigogne |
| **Papegaai** | Perroquet |
| **Pauw** | Paon |
| **Pelikaan** | Pélican |
| **Pinguïn** | Manchot |
| **Reiger** | Héron |
| **Struisvogel** | Autruche |
| **Toekan** | Toucan |
| **Uil** | Hibou |
| **Zwaan** | Cygne |

## Vormen
### Formes

| | |
|---|---|
| **Bol** | Sphère |
| **Boog** | Arc |
| **Cilinder** | Cylindre |
| **Cirkel** | Cercle |
| **Curve** | Courbe |
| **Driehoek** | Triangle |
| **Hoek** | Coin |
| **Hyperbool** | Hyperbole |
| **Kant** | Côté |
| **Kegel** | Cône |
| **Kubus** | Cube |
| **Lijn** | Ligne |
| **Ovaal** | Ovale |
| **Piramide** | Pyramide |
| **Prisma** | Prisme |
| **Randen** | Bords |
| **Rechthoek** | Rectangle |
| **Ronde** | Rond |
| **Veelhoek** | Polygone |
| **Vierkant** | Carré |

## Wandelen
### Randonnée

| | |
|---|---|
| **Berg** | Montagne |
| **Dieren** | Animaux |
| **Gevaren** | Dangers |
| **Kaart** | Carte |
| **Kamperen** | Camping |
| **Klif** | Falaise |
| **Klimaat** | Climat |
| **Laarzen** | Bottes |
| **Moe** | Fatigué |
| **Muggen** | Moustiques |
| **Natuur** | Nature |
| **Oriëntatie** | Orientation |
| **Parken** | Parcs |
| **Stenen** | Pierres |
| **Top** | Sommet |
| **Voorbereiding** | Préparation |
| **Water** | Eau |
| **Wild** | Sauvage |
| **Zon** | Soleil |
| **Zwaar** | Lourd |

## Water
### Eau

| | |
|---|---|
| **Douche** | Douche |
| **Drinkbaar** | Potable |
| **Geiser** | Geyser |
| **Golven** | Vagues |
| **Ijs** | Glace |
| **Irrigatie** | Irrigation |
| **Kanaal** | Canal |
| **Meer** | Lac |
| **Moesson** | Mousson |
| **Oceaan** | Océan |
| **Orkaan** | Ouragan |
| **Overstroming** | Inondation |
| **Regen** | Pluie |
| **Rivier** | Fleuve |
| **Sneeuw** | Neige |
| **Stoom** | Vapeur |
| **Verdamping** | Évaporation |
| **Vochtig** | Humide |
| **Vochtigheid** | Humidité |
| **Vorst** | Gel |

## Wetenschap
### Science

| | |
|---|---|
| **Atoom** | Atome |
| **Chemisch** | Chimique |
| **Deeltjes** | Particules |
| **Evolutie** | Évolution |
| **Experiment** | Expérience |
| **Feit** | Fait |
| **Fossiel** | Fossile |
| **Gegevens** | Données |
| **Hypothese** | Hypothèse |
| **Klimaat** | Climat |
| **Laboratorium** | Laboratoire |
| **Methode** | Méthode |
| **Mineralen** | Minéraux |
| **Moleculen** | Molécules |
| **Natuur** | Nature |
| **Natuurkunde** | Physique |
| **Observatie** | Observation |
| **Organisme** | Organisme |
| **Wetenschapper** | Scientifique |
| **Zwaartekracht** | Gravité |

## Wetenschappelijke Discip
Disciplines Scientifiques

| | |
|---|---|
| **Anatomie** | Anatomie |
| **Archeologie** | Archéologie |
| **Astronomie** | Astronomie |
| **Biochemie** | Biochimie |
| **Biologie** | Biologie |
| **Chemie** | Chimie |
| **Ecologie** | Écologie |
| **Fysiologie** | Physiologie |
| **Geologie** | Géologie |
| **Immunologie** | Immunologie |
| **Mechanica** | Mécanique |
| **Meteorologie** | Météorologie |
| **Mineralogie** | Minéralogie |
| **Neurologie** | Neurologie |
| **Plantkunde** | Botanique |
| **Psychologie** | Psychologie |
| **Robotica** | Robotique |
| **Sociologie** | Sociologie |
| **Voeding** | Nutrition |
| **Zoölogie** | Zoologie |

## Wiskunde
Mathématiques

| | |
|---|---|
| **Bol** | Sphère |
| **Decimaal** | Décimal |
| **Diameter** | Diamètre |
| **Divisie** | Division |
| **Driehoek** | Triangle |
| **Exponent** | Exposant |
| **Fractie** | Fraction |
| **Geometrie** | Géométrie |
| **Hoeken** | Angles |
| **Omtrek** | Circonférence |
| **Parallel** | Parallèle |
| **Rechthoek** | Rectangle |
| **Rekenkundig** | Arithmétique |
| **Som** | Somme |
| **Straal** | Rayon |
| **Symmetrie** | Symétrie |
| **Veelhoek** | Polygone |
| **Vergelijking** | Équation |
| **Vierkant** | Carré |
| **Volume** | Volume |

## Zakelijk
Entreprise

| | |
|---|---|
| **Baas** | Patron |
| **Bedrijf** | Entreprise |
| **Begroting** | Budget |
| **Belastingen** | Impôts |
| **Carrière** | Carrière |
| **Economie** | Économie |
| **Fabriek** | Usine |
| **Financiën** | Finance |
| **Geld** | Argent |
| **Inkomen** | Revenu |
| **Kantoor** | Bureau |
| **Korting** | Réduction |
| **Kosten** | Coût |
| **Transactie** | Transaction |
| **Valuta** | Devise |
| **Verkoop** | Vente |
| **Werkgever** | Employeur |
| **Werknemer** | Employé |
| **Winkel** | Boutique |
| **Winst** | Profit |

## Zoogdieren
Mammifères

| | |
|---|---|
| **Aap** | Singe |
| **Bever** | Castor |
| **Coyote** | Coyote |
| **Dolfijn** | Dauphin |
| **Ezel** | Âne |
| **Geit** | Chèvre |
| **Giraf** | Girafe |
| **Gorilla** | Gorille |
| **Hond** | Chien |
| **Kameel** | Chameau |
| **Kangoeroe** | Kangourou |
| **Kat** | Chat |
| **Konijn** | Lapin |
| **Leeuw** | Lion |
| **Olifant** | Éléphant |
| **Paard** | Cheval |
| **Stier** | Taureau |
| **Vos** | Renard |
| **Walvis** | Baleine |
| **Wolf** | Loup |

# Gefeliciteerd

**Je hebt het gehaald!**

We hopen dat u net zoveel plezier beleeft aan dit boek als wij aan het maken ervan. We doen ons best om spellen van hoge kwaliteit te maken.
Deze puzzels zijn op een slimme manier ontworpen zodat je actief kunt leren terwijl je plezier hebt!

Vond je ze mooi?

-------

## Een Eenvoudig Verzoek

Onze boeken bestaan dankzij de recensies die zij publiceren.
Kunt u ons helpen door nu een mening achter te laten ?

Hier is een korte link die u naar uw
bestellingen beoordelingspagina.

BestBooksActivity.com/Recensie50

# FINAAL UITDAGING!

## Uitdaging nr. 1

Klaar voor uw bonusspel? We gebruiken ze de hele tijd, maar ze zijn niet zo gemakkelijk te vinden. Hier zijn **Synoniemen!**

Noteer 5 woorden die je ontdekt hebt in elk van de onderstaande puzzels (nr. 21, nr. 36, nr. 76) en probeer voor elk woord 2 synoniemen te vinden.

*Notitie 5 Woorden uit* **Puzzle 21**

| Woorden | Synoniem 1 | Synoniem 2 |
|---|---|---|
|  |  |  |
|  |  |  |
|  |  |  |
|  |  |  |
|  |  |  |

*Notitie 5 Woorden uit* **Puzzle 36**

| Woorden | Synoniem 1 | Synoniem 2 |
|---|---|---|
|  |  |  |
|  |  |  |
|  |  |  |
|  |  |  |
|  |  |  |

*Notitie 5 Woorden uit* **Puzzle 76**

| Woorden | Synoniem 1 | Synoniem 2 |
|---|---|---|
|  |  |  |
|  |  |  |
|  |  |  |
|  |  |  |
|  |  |  |

# Uitdaging nr. 2

Nu je opgewarmd bent, noteer 5 woorden die je ontdekt hebt in elke hieronder genoteerde puzzel (nr. 9, nr. 17, nr. 25) en probeer voor elk woord 2 antoniemen te vinden. Hoeveel regels kan je doen in 20 minuten?

*Notitie 5 Woorden uit* **Puzzle 9**

| Woorden | Antoniem 1 | Antoniem 2 |
|---|---|---|
|  |  |  |
|  |  |  |
|  |  |  |
|  |  |  |
|  |  |  |

*Notitie 5 Woorden uit* **Puzzle 17**

| Woorden | Antoniem 1 | Antoniem 2 |
|---|---|---|
|  |  |  |
|  |  |  |
|  |  |  |
|  |  |  |
|  |  |  |

*Notitie 5 Woorden uit* **Puzzle 25**

| Woorden | Antoniem 1 | Antoniem 2 |
|---|---|---|
|  |  |  |
|  |  |  |
|  |  |  |
|  |  |  |
|  |  |  |

# Uitdaging nr. 3

Prachtig, deze finaal uitdaging is makkelijk voor jou!

Klaar voor de laatste? Kies je 10 favoriete woorden die je in een van de puzzels hebt ontdekt en noteer ze hieronder.

| | |
|---|---|
| 1. | 6. |
| 2. | 7. |
| 3. | 8. |
| 4. | 9. |
| 5. | 10. |

De uitdaging is nu om met deze woorden en binnen een maximum van zes zinnen een tekst te schrijven over een persoon, dier of plaats waar je van houdt!

*Tip: U kunt de laatste blanco pagina van dit boek als kladblaadje gebruiken!*

## Je schrijven:

# NOTITIEBOEKJE:

# TOT SNEL!

*Linguas Classics*

# GENIET VAN GRATIS SPELLEN

## GO

↓

**BESTACTIVITYBOOKS.COM/FREEGAMES**

Printed in the USA
CPSIA information can be obtained
at www.ICGtesting.com
LVHW081552201023
761650LV00016B/268